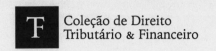

organização
Luciana Grassano de Gouvêa Melo
Ana Pontes Saraiva

DIREITOS HUMANOS
E POLÍTICA FISCAL

Copyright © 2023 by Editora Letramento

Diretor Editorial Gustavo Abreu
Diretor Administrativo Júnior Gaudereto
Diretor Financeiro Cláudio Macedo
Logística Daniel Abreu e Vinícius Santiago
Comunicação e Marketing Carol Pires
Assistente Editorial Matteos Moreno e Maria Eduarda Paixão
Designer Editorial Gustavo Zeferino e Luís Otávio Ferreira
Foto Capa Isabela Brandão
Coordenadores da Coleção
Misabel de Abreu Machado Derzi
Onofre Alves Batista Júnior
Conselho Editorial

André Parmo Folloni	João Félix Pinto Nogueira	Ricardo Lodi Ribeiro
André Mendes Moreira	José Maurício Conti	Sacha Calmon Navarro Coêlho
Élida Graziane Pinto	Ludmila Mara Monteiro de Oliveira	Tarcísio Diniz Magalhães
Elival da Silva Ramos	Luís Eduardo Schoueri	Thomas da Rosa de Bustamante
Fernando Facury Scaff	Marciano Buffon	Ulisses Schwarz Viana
Heleno Taveira Torres	Mary Elbe Queiroz	Valter de Souza Lobato
Hugo de Brito Machado Segundo	Pasquale Pistone	
Humberto Bergmann Ávila	Paulo Rosenblatt	

Todos os direitos reservados. Não é permitida a reprodução desta obra sem aprovação do Grupo Editorial Letramento.

Dados Internacionais de Catalogação na Publicação (CIP)
Bibliotecária Juliana da Silva Mauro - CRB6/3684

D598
 Direitos humanos e política fiscal / Organizado por Luciana Grassano de Gouvêa Melo e Ana Pontes Saraiva. - Belo Horizonte : Letramento, 2023.
 168 p. : il. ; 23 cm. - (Coleção Direito Tributário & Financeiro).
 Inclui Bibliografia.
 ISBN 978-65-5932-302-9.
 1. Tributação. 2. Distribuição de renda. 3. Desigualdade. 4. Covid-19. 5. Fome. I. Melo, Luciana Grassano de Gouvêa. II. Saraiva, Ana Pontes. III. Oliveira, Arthur Tadeu Argôlo de. IV. Ambrosano, Danielle Victor. V. Faria, Luiza. VI. Iglesias, Marcelo Bloizi. VII. Pereira, Maria Paula Gusmão Costa. VIII. Ramos, Maria Raquel Firmino. IX. Oliveira, Regis Fernandes de. X. Feital, Thiago Álvares. XI. Série.
CDU: 336.22   CDD: 336.2

Índices para catálogo sistemático:
1. Receita pública - Impostos 336.22
2. Impostos 336.2

LETRAMENTO EDITORA E LIVRARIA
Caixa Postal 3242 – CEP 30.130-972
r. José Maria Rosemburg, n. 75, b. Ouro Preto
CEP 31.340-080 – Belo Horizonte / MG
Telefone 31 3327-5771

É O SELO JURÍDICO DO
GRUPO EDITORIAL LETRAMENTO

5 PREFÁCIO

Regis Fernandes de Oliveira

9 APRESENTAÇÃO

Luciana Grassano de Gouvêa Melo

Ana Pontes Saraiva

11 A PEC DA TRANSIÇÃO (EC 126/2022) E O RETRATO DA FOME NO BRASIL

Luciana Grassano de Gouvêa Melo

31 OS LIMITES DO SISTEMA TRIBUTÁRIO ENTRE COERÊNCIA E DIREITOS HUMANOS

Thiago Álvares Feital

57 QUILOMBISMO TRIBUTÁRIO: O INCENTIVO À SEGURANÇA ALIMENTAR ATRAVÉS DE UMA POLÍTICA TRIBUTÁRIA DE DIREITOS HUMANOS

Marcelo Bloizi Iglesias

Arthur Tadeu Argôlo de Oliveira

79 REGRESSIVIDADE TRIBUTÁRIA COMO FORMA DE AMPLIAÇÃO DA DESIGUALDADE E CONSEQUENTE VIOLAÇÃO À DIGNIDADE DA PESSOA HUMANA

Luiza Faria

97 RENDA MÍNIMA UNIVERSAL COMO INSTRUMENTO PARA A REDUÇÃO DA DESIGUALDADE DE GÊNERO E RAÇA NO BRASIL

Danielle Victor Ambrosano

115 *"TAXAR FORTUNAS PARA SALVAR VIDAS":* A PAUTA DOS MOVIMENTOS POPULARES POR UMA REFORMA TRIBUTÁRIA JUSTA E SOLIDÁRIA

Maria Paula Gusmão Costa Pereira

135 TRABALHO FEMININO NÃO REMUNERADO E DESIGUALDADE: FEMINISMO, JUSTIÇA FISCAL E EDUCAÇÃO FORTALECENDO DIREITOS HUMANOS

Ana Pontes Saraiva

155 VETO À AGENDA 2030 NO ORÇAMENTO PÚBLICO: RETROCESSO INSTITUCIONAL NO COMBATE ÀS DESIGUALDADES NO BRASIL

Maria Raquel Firmino Ramos

PREFÁCIO

Regis Fernandes de Oliveira[1]

A ilustre professora titular da Universidade Federal de Pernambuco Luciana Grassano de Gouvêa Melo deu-me a honra de enviar os artigos que compõem o livro sobre "Direitos humanos e política fiscal" e indicando-me para elaborar um prefácio.

Prefácio é um texto introdutivo a uma obra, sumariando-a para apresentá-la aos leitores futuros. Nada acrescenta ao conteúdo do que os autores escreveram. No mais das vezes com mais maestria que o apresentador.

Os direitos humanos são uma ideia ordenadora. Por isso é que jamais se realiza, porque a ideia não se concretiza. Continua sendo ideia. Permeia todas as relações jurídicas e sociais e é mote de conquistas nas inúmeras relações entre as pessoas. É, também, preocupação constante de todos os que atentam para a situação dos desprezados. Dostoievski escreveu sobre isso em seus inúmeros livros, especialmente "gente pobre" e "humilhados e ofendidos". Textos de grande poesia dramática e realidade brutal. A fome, o sofrimento, a humilhação e a tristeza estão sempre presentes.

No onírico sempre sonhamos com a utopia; realidade distópica. Os sonhos embalam idealismos jamais concretizados. As desigualdades sociais nunca são reduzidas. Por vezes acontece quando surge um governo com pretensões sólidas de intervenção social. Mas, as esperanças sempre desaparecem nas primeiras medidas administrativas.

Devemos, no entanto, sempre sonhar, mesmo que seja sonho impossível como disse Cervantes em "Dom Quixote" ou acreditar em

---

1 Professor titular aposentado da USP.

Walt Whitman em "O! Capitain, my capitain" homenageando um grande líder.

Daí a busca incessante da concretização das ideias, os juristas se esmeram na produção de grandes textos nos quais escavam soluções orçamentárias e de políticas públicas para que haja a maior inclusão social possível. Mas, como disse Hanna Arendt "o conceito de direitos humanos, baseado na suposta existência de um ser humano em si, desmoronou no mesmo instante em que aqueles que diziam acreditar nele se confrontaram pela primeira vez com seres que haviam realmente perdido todas as outras qualidades e relações específicas – exceto que ainda eram seres humanos" ("Origens do totalitarismo, Cia. das Letras, 2006, pág. 333).

Slavoj Zizek vê a situação estranha, "o paradoxo é que somos privados dos direitos humanos exatamente quando, de fato, na realidade social, somos reduzidos a um ser humano 'em geral', sem cidadania, profissão, etc. – ou seja, exatamente quando, de fato, somos os portadores ideais dos 'direitos humanos universais" ("A visão em paralaxe, ed. Boitempo, 2008, pág. 444).

Autores notáveis que igualmente desacreditam em utopia. Hanna Arendt mais que ninguém presenciou a *banalidade do mal* ao assistir ao julgamento de Eichmann. Como já escrevi: "Os direitos humanos não podem ser reivindicados como algo essencial, mas como contingente de lutas. Os direitos humanos universais designam o espaço preciso da politização propriamente dita: o que representam é o direito à universalidade, como tal, o direito do agente político de afirmar sua não coincidência radical consigo mesmo" (Regis Fernandes de Oliveira, "Em defesa dos direitos humanos", ed. Centro de Documentação e Informação, Brasília, 2010, pág. 76).

Esse o objetivo dos artigos que pude perceber no contexto do livro. A consagração dos direitos humanos é luta permanente e incessante, como o guerreiro tupi de I- Juca-Pirama de Gonçalves Dias. Guerreiro valente e destemido que cai prisioneiro. Só busca a vitória.

Cada artigo constante deste livro é um clamor em rumo à igualdade. Observam um país desigual e iníquo. Gente com fome, sem teto, abandonada por todos e por tudo, sem esperança, nem Pandora a auxilia.

Só a sobrevida conta. A subsistência do nada. É o dia a dia para viver o outro dia.

Os autores estão sensibilizados pela ausência do Poder Público na prestação das políticas sociais. Recursos eventualmente existentes são desviados para corrupção mesquinha e dramática que retira dos pobres o alimento da subsistência.

Basta observar a temática buscada pelas professoras Luciana e Ana Pontes Saraiva. Mulheres sensíveis que buscam contribuir com diretivas aos poderes públicos, em oração de mãos dadas para que os órgãos administrativos dirijam seus olhares para baixo, não para receber suja propina, mas para que eles cruzem com olhares súplices.

É um grito desumano a que alude Chico Buarque em "Cálice" – "quero lançar um grito desumano que é uma maneira de ser escutado". Já que os ouvidos dos políticos são moucos, resta aos poetas, aos compositores e aos juristas gritarem gritos desumanos para se fazerem escutar. Os artigos são odes (não poéticas gregas) aos que cuidam dos governos para que prestem atenção que estão criando uma realidade menos nobre e difícil de ser superada adiante.

Os artigos que constam do livro devem ser não apenas lidos, mas digeridos, pensados, reflexionados, deglutidos pelos leitores. Caminhos existem. Resta revelá-los em contínua luta para que os recursos públicos cheguem aos desamparados.

Direitos humanos tem tudo a ver com a política fiscal. É esta quem distribui verbas. Mas não só isso. Fiscalizar seu destino também. Examinar cada centavo que sai do erário para que tenha destino na formatação de uma nova sociedade.

É bem isso que se espera dos juristas. É o que estão fazendo as professoras Luciana e Ana. Despertar a coletividade para a dura realidade brasileira que deve ser enfrentada de peito aberto para que haja inclusão social e que a vida seja menos dura para todos e que possamos dormir com a consciência tranquila do dever cumprido.

Livro de leitura obrigatória, para os que têm coração e carinho pela população abandonada.

São Paulo, 04 de abril de 2023

APRESENTAÇÃO

Luciana Grassano de Gouvêa Melo[1]
Ana Pontes Saraiva[2]

Os estudos que compõem o presente livro investigam a interação entre direitos humanos e política fiscal/tributária e foram produzidos para apresentação e discussão no XI Congresso Internacional da Associação Brasileira de Pesquisadores em Sociologia do Direito - ABRASD, ocorrido em modalidade virtual, em outubro de 2020, com o seguinte tema geral: Sociologia Jurídica hoje: cidades inteligentes, crise sanitária e desigualdade social.

A iniciativa do presente livro segue a linha de um trabalho anterior realizado pelas coordenadoras, no mesmo Congresso Internacional da ABRASD, em 2019, que resultou na publicação do volume Política fiscal e gênero, pela Casa do Direito, da editora Letramento.

Portanto, é uma tônica de nossa docência e pesquisa jurídicas, a preocupação em constituir uma linha de pesquisa tributária específica voltada às questões de direitos humanos, como também de levar os estudos de direito financeiro e tributário para o terreno institucional da sociologia do direito.

Busca-se, de modo consciente, mais uma vez a partir desta publicação, quebrar um antigo tabu: de que o direito tributário regula exclusivamente o conflito fisco x contribuinte (concretizado nas ações que tramitam nos tribunais) e que, portanto, deve ser preferencialmente pesquisado com a metodologia do normativismo conceitual.

Os estudos do presente volume põem de manifesto que o conteúdo concreto do direito tributário não diz respeito tão somente ao conflito fis-

---

1 Professora titular da Universidade Federal de Pernambuco / UFPE.
2 Professora adjunta da Universidade Federal do Agreste de Pernambuco / UFAPE.

co x contribuinte, mas afeta também as relações sociais, econômicas e de poder que se estabelecem entre os próprios grupos e classes da sociedade.

Os artigos acadêmicos aqui publicados mantêm um diálogo interdisciplinar que se guia pela centralidade que os direitos humanos expressos em tratados internacionais ocupam nos ordenamentos jurídicos e, por isso, analisam criticamente e de forma propositiva as possibilidades de intersecção entre direitos humanos e questões fiscais/tributárias, no Brasil.

Traz ao cenário da pesquisa acadêmica em direito tributário novos conceitos, como o quilombolismo tributário, bem como apresenta abertura para um diálogo com a pauta de reivindicação por uma reforma tributária justa e solidária, por parte dos movimentos populares, o que explicita a consciência de que as discussões em torno de inclusão social e redução de desigualdades, que orientam a luta dos movimentos identitários e populares no Brasil, precisam incorporar as discussões por uma tributação e despesa pública justas.

A presente publicação mostra com crueza a seguinte situação: em vez de traduzir os princípios gerais de justiça mencionados no texto constitucional (capacidade econômica, igualdade, seletividade, progressividade), a realidade concreta da tributação brasileira reflete, antes, a perversidade das relações sociais vigentes em nosso país.

Daí a necessidade, se queremos de fato contribuir não só para a explicitação, mas também para a alteração desse quadro de injustiça secular, que a Academia do Direito Tributário trave diálogo fecundo com as correntes metodológicas da sociologia do direito, tão mais próximas de análises empíricas e de estratégias concretas de empoderamento de grupos tradicionalmente excluídos.

Que com os estudos deste volume, o leitor e a leitora possam se informar, se indignar e se inspirar, na busca por políticas públicas inovadoras e transformadoras no campo da tributação e das finanças públicas em geral.

Por fim, um registro de que o presente trabalho foi realizado com apoio da Coordenação de Aperfeiçoamento de Pessoal de Nível Superior no Brasil (CAPES) – código de financiamento 001, nos termos do edital PROPG n. 6/22, de apoio ao pesquisador vinculado ao PPGD/UFPE.

Recife, 01 de março de 2023

A PEC DA TRANSIÇÃO (EC 126/2022) E O RETRATO DA FOME NO BRASIL

Luciana Grassano de Gouvêa Melo[1]

SUMÁRIO: 1. A agenda 2030 e o retrato da fome no Brasil ||| 2. Fome e austeridade fiscal ||| 3. Fome e pandemia ||| 4. À guisa de conclusão: políticas públicas de erradicação da fome no Brasil, uma referência à PEC 32/2022 (EC 126/2022) ||| Referências

Resumo: O presente artigo parte da análise do atual estágio da fome no Brasil. Diante da agenda 2030 da ONU, a primeira questão que se coloca é: o que explica o retrocesso no combate à fome no Brasil? Diante desse problema, o estudo apresenta o impacto de políticas de austeridade, como também da Covid-19 no agravamento da condição de insegurança alimentar grave da nossa população. Parte de estudos produzidos pela FAO – Organização das Nações Unidas para a Alimentação e a Agricultura e pela Rede PENSSAN, para dar o retrato da fome, inclusive no atual estágio pós pandemia Covid-19. Em vista do quadro, o artigo apresenta a EC n. 126/2022 como uma retomada do Estado Brasileiro ao seu papel constitucional de garantidor de direitos, em especial do direito humano à segurança alimentar para todos brasileiros.

Palavras Chaves: Fome. Insegurança alimentar. Austeridade fiscal. Covid-19. PEC da transição.

Abstract: This article is based on the analysis of the current stage of hunger in Brazil. Faced with the UN's 2030 agenda, the first question

---

[1] Doutora em Direito pela UFPE (2006), com estágio doutoral (2006) na Universidade Lusíada em Lisboa e pós-doutoral (2014), na Universidade de Bologna, na Itália (ambos pela CAPES). É professora titular da graduação, mestrado e doutorado em Direito da UFPE, ex-diretora da Faculdade de Direito do Recife/UFPE (2007 a 2015) e Procuradora do Estado de Pernambuco. Email: luciana.gmelo@ufpe.br

that arises is: what explains the setback in the fight against hunger in Brazil? Faced with this problem, the study presents the impact of austerity policies and Covid-19 on severe food insecurity's worsening in our population. This article is based on studies produced by FAO – Food and Agriculture Organization of the United Nations and the Rede PENSSAN, to give a portrait of hunger, including its current stage post Covid-19 pandemic. Given the picture, the article presents EC n. 126/2022 as a resumption of the Brazilian State to its constitutional role as guarantor of rights, especially of the human right to food security for all Brazilians.

Key words: Hunger. Food insecurity. Fiscal austerity. Covid 19. Transition Constitucional Amendment Project.

1. A AGENDA 2030 E O RETRATO DA FOME NO BRASIL

Em 25 de setembro de 2015, a Organização das Nações Unidas aprovou a Agenda 2030 para o Desenvolvimento Sustentável e os Objetivos de Desenvolvimento Sustentável (ODS). A referida agenda estabelece 17 objetivos e 169 metas para orientar as ações de governos, organismos internacionais, sociedade civil e outras instituições ao longo de 15 anos, entre 2016 e 2030.

No âmbito desta agenda, os objetivos estratégicos da Organização das Nações Unidas para a Alimentação e a Agricultura (FAO) estão orientados a abordar as causas fundamentais da pobreza e da fome para a construção de uma sociedade mais justa, com principal objetivo de se erradicar a fome, no mundo todo, até 2030.

Fundada em 16 de outubro de 1945, no Canadá, a Organização, naquele começo, tinha como objetivo principal demonstrar aos governos que a pobreza era uma das principais causas da fome e da desnutrição. Já em 1960 foi lançada a Campanha Mundial contra a Fome, cujo ambicioso objetivo era erradicar a fome no mundo, de uma vez por todas. Desde aquele ano, há mais de 60 anos atrás, os governos acordaram que

> "a persistência da fome e a desnutrição é inaceitável moral e socialmente, é incompatível com a dignidade dos seres humanos e a igualdade de oportunidades a que têm direito, e é uma ameaça para a paz social e internacional". (FAO, 2018, p. 53)

A Constituição da FAO estabelece que uma de suas principais funções é "reunir, analisar, interpretar e divulgar as informações relativas à nutrição, alimentação e agricultura", assim, a partir desse objetivo, a Organização passou a realizar pesquisas alimentares mundiais, a partir das quais foi mapeada a fome e a desnutrição no mundo e em suas diversas regiões.

A despeito do compromisso dos governos em 1960, assumido a partir da campanha mundial contra a fome, a verdade é que apesar dos esforços empreendidos e também devido aos desastres naturais e àqueles causados pelo homem, a situação alimentar no início da década em 1990 não havia melhorado e o número de pessoas famintas no mundo não tinha diminuído.

Em vista disso, entre os anos de 1996 até 2005, foram implementadas uma série de importantes iniciativas com um objetivo principal comum de reduzir à metade o número de pessoas famintas no mundo para o ano de 2015. No âmbito dessas iniciativas, destaca-se a Cúpula Mundial sobre a Alimentação, em 1996, convocada na sede da FAO, em Roma, que reuniu o mais alto nível de representantes de 185 países e a União Europeia, tendo recebido 10 mil participantes, e constituído um importante fórum para o debate sobre a necessidade imperativa de erradicar a fome do mundo, para o novo milênio.

Na Cúpula do Milênio das Nações Unidas, em 2000, foram estabelecidos diversos objetivos, para serem cumpridos no prazo de 15 anos, chamados de Objetivos de Desenvolvimento do Milênio (ODM). A partir de então foi expressivo o avanço na redução do número de pessoas com subalimentação crônica nas regiões mais pobres do mundo:

> Em 2013, a FAO reconheceu os avanços de 38 países que haviam reduzido à metade o número de pessoas que sofriam com a fome. Dezoito desses países foram premiados por alcançar tanto este objetivo como o objetivo mais estrito estabelecido na Cúpula Mundial sobre a Alimentação de 1996, que consistia em reduzir à metade o número absoluto de pessoas subnutridas. Um ano mais tarde, em 2014, a FAO reconheceu 13 países por seus excepcionais avanços na luta contra a fome, avanços que incluíam alcançar os ODM antes do prazo final em 2015. Em 7 de junho de 2015, a FAO premiou outros 14 países por avançarem na meta de reduzir à metade o percentual de pessoas que padeciam de fome. (FAO, 2018, p. 176)

Nesse contexto, um dos países que atingiu os ODM antes do prazo final em 2015 foi o Brasil, com a implementação das ações de políticas públicas contempladas pelo famoso programa do primeiro governo Lula, denominado Fome Zero, implementado no Brasil a partir de 2002.

A experiência inicial desse programa no Brasil deu-se numa aldeia, em Guaribas, que é um pequeno povoado no sertão do nordeste brasileiro, pertencente ao Estado do Piauí, o mais pobre de nosso país. A partir de então e durante uma década, o governo federal implementou um programa complexo que, em pouco mais dez anos, tirou da extrema pobreza mais de 36 milhões de brasileiros, reduziu a mortalidade infantil em 45%, em 11 anos, diminuiu o número de pessoas subalimentadas em 82% e foi capaz de resgatar o Brasil – maior país da América Latina e então com a maior desigualdade entre ricos e pobres de todo o mundo, do mapa da fome que a FAO elabora todos os anos (FAO, 2018, p. 13)

De acordo com Eryka Galindo, investigadora do grupo de pesquisa "Alimento para justiça: poder, política e desigualdades alimentares na bioeconomia", da Freie Universität de Berlim[1]:

> Esses caminhos que levaram o Brasil a sair do Mapa da Fome se basearam numa política de fortalecimento da agricultura familiar. Eu destacaria políticas como o PAA, o Programa de Aquisição de Alimentos, e o próprio PNAE, que é o Programa Nacional de Alimentação Escolar. Iniciativas, ainda que limitadas e mesmo não tão efetivas, de reforma agrária, legislação de terras e regularização fundiária, demarcação e titulação de terras indígenas e quilombolas foram bem importantes. Além da política de abastecimento interno, que é fundamental para pensar os aspectos do controle das altas dos preços dos alimentos. A própria política de valorização progressiva do salário mínimo é algo que influencia, porque a renda é um componente importante para adquirir alimentos. Tem o próprio Bolsa Família. Temos que entender que esse conjunto de políticas, embora não tenha o selo da segurança alimentar, são fundamentais para mover a economia e gerar a possibilidade de renda nos domicílios. E, inevitavelmente, isso impacta o aceso à alimentação.

De acordo com a publicação da FAO "A caminho do fome zero 1945-2030" (2018, p. 14),

> O Programa Fome Zero é um amplo guarda-chuva que inclui iniciativas de todo tipo: Bolsa Família (transferência de renda), Água para Todos, Programa de Aquisição de Alimentos, Programa Fomento, Mais Educação e Minha Casa Minha Vida (programa de moradia). A pobreza geral caiu no Brasil de 22 a 8% entre 2001 e 2013 enquanto a extrema pobreza baixou

---

1 Disponível em: 'A fome é uma opção política' | Escola Politécnica de Saúde Joaquim Venâncio (fiocruz.br), acesso em 14/04/2023.

de 14 para 3,5%. O acesso a uma alimentação adequada alcançou 98% dos brasileiros. Nessa década, a renda dos 20% mais pobres se multiplicaram por três em relação aos 20% mais endinheirados.

Por isso essa experiência brasileira, inicialmente gestada no povoado de Guaribas, ganhou a agenda diplomática mundial, pois foi capaz de mostrar para o mundo que é possível reduzir os níveis de desnutrição, a partir de uma enérgica ação política. Demonstrou, sobretudo, que é possível conjugar um rápido crescimento econômico com uma melhor distribuição dos investimentos.

Veja que em dezembro de 2011, o Brasil era a 6ª economia do mundo. Em 2021, nosso país caiu para a 13ª posição dentre as maiores economias globais. Fica bem evidente a relação entre redução de desigualdade e crescimento econômico, portanto. Desde 2015, isso é reconhecido pelo próprio Fundo Monetário Internacional - FMI (MELO, 2023). Em discurso nas Grandes Conférences Catholiques, em Bruxelas, em 17 de junho de 2015, Christine Lagarde[2], então diretora-geral do FMI, afirma:

> Minha principal mensagem na noite de hoje é esta: reduzir a desigualdade excessiva – ao erguer os "pequenos barcos" – não é apenas correto do ponto de vista moral e político, mas é um *bom princípio econômico*. Não é preciso ser altruísta para apoiar políticas que elevem a renda dos pobres e da classe média. Todos se beneficiarão com essas políticas, porque elas são essenciais para gerar crescimento mais alto, mais inclusivo e mais sustentado. Em outras palavras, para ter crescimento mais *duradouro*, será necessário gerar crescimento mais *equitativo*.

A seguinte tabela relativa à prevalência de insegurança alimentar nos países da América Latina e Caribe, de 2000 a 2021, mostra o enorme retrocesso do Brasil em matéria de combate à fome, na medida que, aquele resultado obtido pela implementação do programa fome zero, em 2013, que tirou o Brasil do mapa da fome (percentual de prevalência de subnutrição inferior a 2,5%) foi substituído por um índice de prevalência de subnutrição que voltou a atingir patamar de 4,1% em 2021, recolocando o Brasil no vergonhoso mapa da fome mundial[3] (FAO, 2022, p. 125).

---

2 Disponível em: Erguer os Pequenos Barcos; Por Christine Lagarde, Diretora-Geral, FMI; Discurso nas Grandes Conférences Catholiques; Bruxelas, 17 de junho de 2015 (imf.org), acesso em 14/04/2023.

3 Conforme anúncio na mídia nacional, ver por todos: Relatório da ONU mostra que Brasil voltou para o Mapa da Fome em 2021 (cnnbrasil.com.br)

Tabela 1 — Prevalência de desnutrição (porcentagem)

	2000-2002	2004-2006	2009-2011	2014-2016	2017-2019	2018-2020	2019-2021
Mundo	**13,1**	**12,2**	**8,9**	**7,9**	**7,8**	**8,3**	**9,0**
América Latina y el Caribe	10,7	9,3	6,9	5,9	6,6	7,1	7,8
El Caribe	18,3	18,7	15,9	14,3	14,9	15,6	16,0
Mesoamérica	7,4	7,9	7,4	7,5	7,8	7,9	8,0
Sudamérica	11,2	8,8	5,7	4,5	5,2	5,9	6,8
Argentina	3,0	3,7	3,1	<2,5	3,4	3,5	3,7
Barbados	6,4	6,1	4,3	4,3	4,1	3,7	3,4
Belice	5,8	5,7	6,5	7,8	6,7	6,8	7,4
Bolivia (Estado Plurinacional de)	27,9	26,8	20,4	14,3	12,1	11,9	13,9
Brasil	10,7	6,5	3,7	<2,5	<2,5	2,6	4,1
Chile	3,4	3,1	3,4	3,1	2,7	2,6	2,6
Colombia	8,7	11,2	12,9	6,5	6,2	7,2	8,2
Costa Rica	4,7	4,4	4,6	4,1	3,2	3,4	3,4
Cuba	<2,5	<2,5	<2,5	<2,5	<2,5	<2,5	<2,5
Dominica	3,7	5,4	4,8	5,3	5,7	6,5	6,9
Ecuador	21,0	22,4	12,3	9,0	11,6	13,7	15,4
El Salvador	7,2	9,1	10,5	10,6	8,4	8,3	7,7
Guatemala	22,2	18,9	16,4	17,3	16,2	16,3	16,0
Guyana	6,5	7,1	8,7	6,8	5,4	5,0	4,9

	2000-2002	2004-2006	2009-2011	2014-2016	2017-2019	2018-2020	2019-2021
Haití	50,7	52,9	44,4	42,4	45,4	46,4	47,2
Honduras	21,9	22,3	15,8	14,5	13,1	13,3	15,3
Jamaica	7,4	7,4	9,7	9,7	8,1	7,5	6,9
México	3,3	4,4	4,8	5,0	6,0	6,0	6,1
Nicaragua	27,5	23,3	20,0	19,0	17,4	17,5	18,6
Panamá	24,5	21,6	10,9	8,1	6,0	5,4	5,8
Paraguay	10,5	9,5	7,7	7,4	7,8	8,2	8,7
Perú	21,5	18,8	8,7	5,9	7,6	8,1	8,3
República Dominicana	20,4	19,2	13,0	7,4	6,1	7,0	6,7
San Vicente y las Granadinas	13,4	7,9	5,8	5,9	5,5	6,6	7,6
Suriname	11,8	9,7	7,3	7,8	8,0	8,0	8,2
Trinidad y Tabago	10,0	11,1	8,2	6,8	7,0	7,3	7,5
Uruguay	3,6	3,9	<2.5	<2.5	<2.5	<2.5	<2.5
Venezuela (República Bolivariana de)	14,9	8,4	<2.5	11,3	22,7	24,9	22,9

Fonte: FAO. 2022. FAOSTAT: Dados sobre segurança alimentar. (https://www.fao.org/faostat/en/#data/FS). Acceso: 7 de novembro de 2022.

Em 2021, a FAO contabilizou 8,6 milhões de brasileiros em situação de prevalência de insegurança alimentar. Já a insegurança alimentar grave de 1,6%, em 2017, passou para 7,3% em 2021 - esse último percentual indica que 15,4 milhões de brasileiros sofrem insegurança alimentar grave (FAO, 2022, p. 126 a 128).

2. FOME E AUSTERIDADE FISCAL

O ministro Gilmar Mendes, relator para o acórdão do Mandado de Injunção n. 7300/DF[4], cujo julgamento reconheceu a omissão do chefe do Executivo quanto à regulamentação da lei n. 10.835/2004, que instituiu o Programa Renda Básica de Cidadania, trouxe para o Supremo Tribunal Federal, em seu voto, a discussão sobre a proteção insuficiente de combate à pobreza no Brasil e as políticas de austeridade e desmonte da nossa proteção social.

O ministro cita em seu voto Gabriel Lara Ibarra, economista sênior do Banco Mundial, que afirma que de 2014 a 2017 mais de 4,6 milhões de brasileiros caíram para a pobreza extrema, apontando como uma das causas a ineficiência do programa bolsa-família, como "represamento de pedidos para receber as transferências e a ausência de reajustes anuais do benefício para repor a inflação"[5].

O referido economista, líder da equipe de pesquisa sobre pobreza do Banco Mundial, diz que os dados de extrema pobreza não são os mais adequados para mensurar a fome porque falta no Brasil uma medida oficial da linha da pobreza estabelecida conforme a necessidade do consumo de calorias. Deste modo, para o Banco Mundial, a extrema pobreza foi indicada como condição da família cuja renda per capita máxima era o valor de corte para acesso ao bolsa família[6].

No acórdão, de 27/04/2021, o ministro Gilmar Mendes faz projeções em que demonstra o desmonte do programa social do Bolsa Família e

---

4 Disponível em https://redir.stf.jus.br/paginadorpub/paginador.jsp?docTP=TP&docID=756870789, acesso em 14/04/2023.

5 Disponível em https://redir.stf.jus.br/paginadorpub/paginador.jsp?docTP=TP&docID=756870789, acesso em 14/04/2023.

6 Disponível: Quantas pessoas passam fome no Brasil? Entenda os números - Economia - Estado de Minas, acesso em 14/04/23.

a sua atual incapacidade de combater a extrema pobreza, no Brasil. São essas as suas palavras:

O próprio Governo Federal estipula o valor de R$ 89,00 per capita para definição do conceito de extrema pobreza, ao passo que fixa a quantia de R$ 178,00 per capita de renda mensal para fins de consideração na linha de pobreza.

Cumpre destacar que os valores per capita do núcleo familiar foram atualizados ao longo dos anos, passando de R$ 100,00 (pobreza) e R$ 50,00 (extrema pobreza), em sua redação originária, para: R$ 120,00 (pobreza) e R$ 60,00 (extrema pobreza), por meio do Decreto 5.749/2006; R$ 137,00 (pobreza) e R$ 69,00 (extrema pobreza), por meio do Decreto 6.824/2009; R$ 140,00 (pobreza) e R$ 70,00 (extrema pobreza), por meio do Decreto 6.917/2009; R$ 154,00 (pobreza) e R$ 77,00 (extrema pobreza), por meio do Decreto 8.232/2014; R$ 170,00 (pobreza) e R$ 85,00 (extrema pobreza), por meio do Decreto 8.794/2016.

Se essa quantia arbitrada de linha de corte, por pessoa, de R$ 100,00 (critério de nível de pobreza) fosse atualizada monetariamente desde sua fixação inicial (Decreto 5.209/2004), vejamos os resultados extraídos da "calculadora do cidadão" do Banco Central: pelos índices da caderneta de poupança: R$ 317,54 (de 20.9.2004 até 30.3.2021); pelo IGP-M: R$ 314,02 (de 9.2004 a 3.2021); pelo INPC: R$ 240,04 (de 9.2004 a 2.2021); pelo IPCA-E: R$ 236,18 (de 9.2004 a 12.2020); pela taxa Selic: R$ 522,64 (de 20.9.2004 até 30.3.2021).

No mesmo sentido e em idêntico período, o salário mínimo passou de R$ 260,00 (Lei 10.888/2004) para R$ 1.100,00 (MP 1.021/2020, com vigência a contar de 1.2021), correspondendo ao aumento de 423%. Proporcionalmente, em 2004, quando o salário mínimo equivalia a R$ 260,00, a linha de pobreza havia sido fixada em R$ 100,00, o que equivalia a R$ 38,46% daquele; ao passo que, em 2021, o salário mínimo alcança R$ 1.100,00, enquanto a linha de pobreza resta fixada em R$ 178,00, o que corresponde proporcionalmente a 16,18% daquele.

Em outras palavras, o núcleo familiar que, em 2004, auferia renda mensal per capita de 1/3 (um terço - 33,33%) do salário mínimo nacional estava enquadrado na linha de pobreza; atualmente, para se encaixar nessa mesma condição, no intuito de fazer jus ao auxílio estatal, necessita auferir menos de 17% (dezessete por cento) do salário mínimo nacional em curso, por pessoa.

É evidente que isso impacta no aumento da fome, como também a política de não reajuste do salário mínimo com ganho real, implementada durante todo o governo Bolsonaro, exceto em seu primeiro ano de mandato, em 2019, quando o presidente atualizou o valor do piso de acordo com a política de valorização aprovada no governo Dilma Roussef, válida para os anos de 2016 a 2019, nos termos da lei n. 13.152/2015.

Importante registrar, também, a aprovação da EC 95/2016 que estabeleceu, nos arts. 106 a 114 do ADCT, o Novo Regime Fiscal dos Orçamentos Fiscal e da Seguridade Social da União, consistente na limitação de crescimento das despesas primárias da União por 20 (vinte) anos, até 2036. A partir do exercício 2017, o orçamento das despesas primárias deveria seguir o montante do exercício anterior, corrigido pela inflação (IPCA), inclusive despesas discricionárias com investimentos públicos e as despesas obrigatórias de saúde e educação, ressalvadas apenas as despesas relacionadas a transferências obrigatórias aos Estados e Municípios, créditos extraordinários, despesas com eleições e despesas de capital de empresas estatais não dependentes.

Uma das bandeiras da EC 95/2016 foi a de supostamente promover alocação de recursos mais eficiente, todavia não foram enfrentados problemas relacionados a gastos com incentivos fiscais e subsídios federais, nem com os elevados encargos da dívida pública brasileira. A escolha pelo ajuste das despesas primárias também chama a atenção por tirar o foco da receita pública e das possibilidades de maior arrecadação tributária, com a implementação, por exemplo, de uma reforma tributária progressiva (MELO e RIBEIRO, 2022, p. 243). Do lado da receita pública, inclusive, impende registrar que a tabela do IRPF não sofreu correção desde 2015[7], o que agrava a situação das pessoas de baixa renda. Teve ampla divulgação a consequência dessa política de austeridade consistente na defasagem da tabela do IRPF, que obrigará o trabalhador que ganha menos de um salário mínimo e meio a pagar o imposto de renda pessoa física em 2023[8].

Para Afonso, Salto e Ribeiro (2016, p. 24) a nova regra não tem precedentes em práticas estrangeiras de ajuste pelo lado da despesa. No exterior, as chamadas *expenditure rules* (regras sobre gastos), além de não serem predominantes, garantem cláusulas de escape para a hipótese de crescimento da economia e ressalvam investimentos públicos, além de combinarem regras para dívida pública.

---

7 Sobre o reajuste do salário mínimo e da faixa de isenção do IRPF, ver na mídia por todos: Lula confirma aumento do salário mínimo para R$ 1.320 em maio | Agência Brasil (ebc.com.br), acesso em 14/04/2023.

8 Ver por todos, na mídia: Defasagem da tabela do IR obrigará trabalhador que ganha menos de um salário mínimo e meio a pagar o imposto em 2023 | Economia | G1 (globo.com), acesso em 14/04/2023.

Para Laura Carvalho (2018, p. 121), o congelamento de despesas primárias não adveio de necessidade técnica, antes constituiu uma escolha política destinada a reduzir o tamanho do Estado brasileiro, ao menos nas políticas públicas mais importantes para a população mais desassistida.

Na linha de Lodi Ribeiro (2019, p. 120), pode-se afirmar que a EC 95/2016 constitucionalizou a austeridade seletiva, elaborada para atingir principalmente os beneficiários das políticas sociais do Estado e para proteger os credores da dívida pública, ao lhes garantir todo o crescimento econômico do país dos próximos 20 (vinte) anos. Com isso, salvo revogação do teto, os próximos governos democraticamente eleitos terão dificuldades para implementar uma agenda progressista em direção ao bem-estar social[9].

3. FOME E PANDEMIA

A Rede brasileira de pesquisa em soberania e segurança alimentar (Rede PENSSAM) realizou dois inquéritos populacionais[10] visando analisar a insegurança alimentar no Brasil no contexto da pandemia da Covid -19.

O primeiro inquérito nacional[11] (I VIGISAN), cujo resultado foi publicado em 2021, baseou-se em amostra probabilística de 2.180 domicílios[12], representativa da população brasileira, considerando as cinco grandes regiões do país e a localização dos domicílios (zonas urbanas e rurais). As entrevistas foram realizadas face a face, no período de 05 a 24 de dezembro de 2020, com moradores (as) de 1.662 domicílios urbanos e 518 domicílios rurais. As informações coletadas são pertinentes à segurança alimentar e insegurança alimentar, medidas por meio da Escala Brasileira de Insegurança Alimentar (EBIA), adotada pelo gover-

---

9 Sobre o novo arcabouço fiscal em discussão, ver na mídia por todos: Agência Brasil explica diferença entre novo arcabouço e teto de gastos | Agência Brasil (ebc.com.br), acesso em 14/04/2023.

10 Os inquéritos foram denominados I e II VIGISAN.

11 Disponível em: VIGISAN-I-2021-Inseguranca-Alimentar-e-Covid-19-no-Brasil.pdf (ifz.org.br), acesso em 14/04/2023.

12 Do total de 2.180 domicílios avaliados, foram obtidas informações sobre 6.872 indivíduos, sendo a média de 3,15 moradores por domicílio no Brasil (PENSSAM, 2021, p. 20)

no brasileiro a partir de 2004, nos inquéritos nacionais para a medida de insegurança alimentar na população, o que possibilita a comparação da insegurança alimentar aferida pela referida pesquisa de 2020 com os dados de inquéritos nacionais conduzidos pelo IBGE entre 2004 e 2018.

O resultado do primeiro inquérito apontou os seguintes aspectos relacionados à insegurança alimentar, no âmbito do primeiro ano da pandemia Covid-19, no Brasil (2021, p. 9ss):

1. Nos três meses anteriores à coleta de dados, menos da metade dos domicílios brasileiros (44,8%) tinha seus (suas) moradores (as) em segurança alimentar. Dos demais, 55,2% que se encontravam em insegurança alimentar, 9% conviviam com a fome, ou seja, estavam em situação de insegurança alimentar grave, sendo pior essa condição nos domicílios de área rural (12%);

2. A insegurança alimentar grave no domicílio dobra nas áreas rurais do país, especialmente, quando não há disponibilidade adequada de água para a produção de alimentos e para os animais. Nas regiões Norte e Nordeste, identificou-se que a área rural tem maior proporção de insegurança alimentar moderada ou grave quando comparada à área urbana. Entretanto, nas regiões Sul, Sudeste e Centro Oeste a proporção de insegurança alimentar moderada ou grave é maior nas áreas urbanas quando comparadas às áreas rurais.

3. Os domicílios com rendimentos de até ¼ do salário mínimo per capita tinham insegurança alimentar grave, sendo 2,5 vezes superior à média nacional dos domicílios;

4. Os moradores/as de 25% dos domicílios do Norte e do Nordeste viviam com rendimentos mensais abaixo de ¼ do salário mínimo, comparados com 10% nas regiões Sul, Sudeste e Centro Oeste;

5. A insegurança alimentar grave foi seis vezes maior quando a pessoa referência da família estava desempregada, e quatro vezes maior entre aquelas com trabalho informal, quando comparadas com as que contavam com algum tipo de trabalho formal;

6. A insegurança alimentar das famílias foi maior quando a pessoa referência da família era do sexo feminino, ou de raça/cor da pele autodeclarada preta/parda ou com menos escolaridade;

7. Nas regiões Nordeste e Norte do país foram observados os maiores percentuais de perda de emprego, de redução dos rendimentos familiares, do endividamento e de corte nas despesas com aquisição de itens considerados essenciais

8. Comparando as proporções de insegurança alimentar grave das regiões Sul/Sudeste, as regiões Norte e Nordeste tiveram três e duas vezes mais domicílios expostos à forma mais grave de insegurança alimentar, respectivamente.

Quando faz a comparação da insegurança alimentar aferida pelo referido inquérito, do ano de 2020, com os dados de inquéritos nacionais conduzidos pelo IBGE entre 2004 e 2018, a pesquisa conclui que enquanto os levantamentos referentes ao período de 2004 a 2013 registraram o aumento progressivo de famílias em segurança alimentar, este progresso foi invertido, como mostram os dados coletados na pesquisa de orçamento familiar – POF 2017-2018, ou seja, já em período anterior à pandemia Covid 19, no Brasil.

Os dados mostram que com o evento da pandemia, a redução da segurança alimentar foi ainda mais intensa e abrupta, considerando o espaço de tempo de apenas dois anos, entre 2018 e 2020, período em que ocorreu aumento significativo dos níveis de insegurança alimentar moderada e grave, que fizeram os índices de insegurança alimentar retornarem a valores próximos aos encontrados em 2004.

O inquérito conclui (2020, p. 49):

> A crise econômica, que já vinha revertendo o sucesso alcançado até 2013 na garantia do direito humano à alimentação adequada, ganhou impulso negativo maior em 2020 com o advento da pandemia, apesar da permanência de alguns programas sociais como o bolsa família e o benefício de prestação continuada, e a criação do auxílio emergencial com o objetivo de mitigar os efeitos da pandemia sobre o emprego e renda. A comparação dos níveis de segurança alimentar/insegurança alimentar entre a POF de 2018 e o presente inquérito do VIGISAN mostra a gravidade da superposição da crise econômica e crise sanitária em todo o território nacional, sem uma adequada resposta advinda da política pública.

No período entre 2013 e 2018, a insegurança alimentar grave teve um aumento de 8% ao ano (PNAD, 2013 / POF, 2018). Esse aumento é acelerado e passa a ser de 27,6% ao ano entre 2018 e 2020 (POF, 2018 / VigiSan, 2020). Portanto, eram 10,3 milhões de pessoas com insegurança alimentar grave em 2018, número que atingiu o patamar de 19,1 milhões de brasileiros com fome, em 2020. Portanto, os dados mostram que tivemos um retrocesso de 15 anos em apenas 5, o que foi ainda mais acentuado entre os últimos anos de 2018 a 2020.

O segundo Inquérito Nacional sobre Insegurança Alimentar no Contexto da Pandemia da Covid – 19, no Brasil (II VIGISAN)[13], cujo objetivo principal é manter o monitoramento ativo da segurança alimentar e dos níveis de insegurança alimentar, com divulgação ampla de seus resultados, dando transparência e relevância à situação emergencial da fome no Brasil foi publicado, em 2022, pela Rede Brasileira de Pesquisa em Soberania e Segurança Alimentar – PENSSAN.

Nesse segundo inquérito representativo da população brasileira, com abrangência das 5 macrorregiões (rural e urbana) e das 27 unidades da Federação, foram incluídos 12.745 domicílios, com entrevistas face a face de uma pessoa adulta, entre novembro de 2021 e abril de 2022, com a utilização de questionário contendo a Escala Brasileira de Insegurança Alimentar (EBIA), em sua versão de oito perguntas.

Entre o final de 2021 e o início de 2022, o inquérito chegou aos seguintes resultados:

1. 41,3% dos domicílios estavam em situação de segurança alimentar, enquanto em 28% havia incerteza quanto ao acesso aos alimentos, além da qualidade da alimentação já comprometida (IA leve). Insuficiência de alimentos ocorria em 30, 7% dos domicílios, dos quais 15,5% já conviviam com experiências de fome (IA grave);

2. Esses percentuais representam 125,2 milhões de pessoas residentes em domicílios com insegurança alimentar e mais de 33 milhões em situação de fome (IA grave);

3. A desigualdade de acesso aos alimentos se manifesta com maior força em domicílios rurais – 18,6% dos quais enfrentavam a fome[14]. Por outro lado, o contingente de famintos em área ur-

---

13 Disponível em: VIGISAN-II-2022-Inseguranca-Alimentar-e-Covid-19-no-Brasil. pdf (ifz.org.br), acesso em 14/04/2023.

14 Entre os domicílios rurais, o segmento da agricultura familiar sofreu o impacto da crise econômica, mas foi especialmente afetado pelo desmonte das políticas públicas voltadas para o pequeno produtor do campo. As formas mais severas de IA (IA moderada ou grave) estavam presentes em cerca de 38,8% dos domicílios de

bana, cerca de 27 milhões, é assustador e revela o fosso social existente nas cidades do Brasil;

4. As desigualdades regionais no país se manifestam em todas as áreas, como rendimentos médios, saúde, educação, saneamento, como também na insegurança alimentar grave, que se concentra mais nos domicílios da região Norte (25,7%) e da região Nordeste (21%);

5. A fome está presente em 43% das famílias com renda per capita de até ¼ do salário mínimo e atinge mais os domicílios que têm mulheres como responsáveis e/ou aquelas em que a pessoa de referência se denomina de cor preta ou parda;

6. A insegurança alimentar coexiste com a insegurança hídrica, de modo que 42% das famílias em situação de insegurança hídrica estão também sujeitas à fome.

Comparando-se os dois inquéritos, realizados com a diferença de 1 ano e 4 meses, entre um e outro, verifica-se um avanço expressivo da insegurança alimentar grave, que era de 9% em 2020 e, entre final de novembro de 2021 e abril de 2022, aumentou para 15,5%. Em número de pessoas, os 19, 1 milhões de pessoas com fome no final de 2020 passaram para 33,1 milhões, entre o final de 2021 e o início de 2022.

O segundo inquérito conclui (2022, p. 21/22):

> Os frágeis indícios de recuperação da atividade econômica medida pelo crescimento do Produto Interno Bruto (PIB) não foram acompanhados da melhoria dos rendimentos da população e de significativa recuperação do emprego. Tais fatos levaram ao aumento das desigualdades no país que, somado à elevada inflação, em particular nos preços dos alimentos, impactou com mais intensidade o poder de compra dos mais vulnerabilizados, uma vez que quanto menor a renda familiar maior a proporção dela destinada à alimentação. Assim, esses grupos sociais foram deslocados para a borda inferior da sobrevivência, desprovidos de renda suficiente, de moradia adequada, de serviços sanitários, de acesso à educação e aos serviços de saúde, passando, também, em seu cotidiano, a conviver com a fome. Ou seja, esses grupos sociais são desdenhados pelas elites econômicas do país e deserdados por um Estado gerenciado sob a doutrina neoliberal e sob a obsessão pelo equilíbrio fiscal e controle de gastos.

---

agricultores (as) familiares / produtores (as) rurais. A prevalência de IA grave era de 21,8%, mostrando que a fome atingia os moradores de mais de 1/5 dessas habitações (REDE PENSSAM, 2022, p. 41)

Nesse cenário de desmonte das políticas públicas direta ou indiretamente voltadas à proteção e à promoção da Segurança Alimentar e Nutricional (SAN), deve-se destacar, em 2021, a extinção do Programa Bolsa Família (PBF), substituído pelos programas Alimenta Brasil e Auxílio Brasil, respectivamente, reconhecidos por analistas sobre o tema como frágeis em suas concepções e objetivos, além de limitados na abrangência populacional. Estima-se que apenas metade dos 100 milhões de pessoas antes atendidas pelo PBF e pelo Auxílio Emergencial permaneceu com acesso ao Auxílio Brasil. Ademais, sobressai, neste período da pandemia, a má gestão do Programa Nacional de Alimentação Escolar (PNAE).

A suspensão das aulas presenciais foi usada como justificativa para a quase eliminação das compras de alimentos da agricultura familiar e, consequentemente, para a redução da oferta de refeições de qualidade aos escolares.

4. À GUISA DE CONCLUSÃO: POLÍTICAS PÚBLICAS DE ERRADICAÇÃO DA FOME NO BRASIL, UMA REFERÊNCIA À PEC 32/2022 (EC 126/2022)

Impressiona que mesmo diante desse quadro destacado nos capítulos anteriores, parte da mídia nacional tenha criticado a PEC da transição (PEC 32/2022), ao ponto do jornal Folha de São Paulo ter-se continuamente referido a ela como PEC da gastança[15].

A despeito das críticas, o Congresso, em 21/12/22, concluiu a aprovação da referida proposta de emenda à Constituição, que expandiu o teto de gastos, prevendo inclusive em uma de suas cláusulas que o novo governo do presidente eleito Lula apresente projeto de lei complementar para a propositura de um novo arcabouço fiscal[16], em substituição ao teto de gastos, ampliado em R$ 145 bilhões, em 2023, existindo ainda previsão da autorização para investimentos na ordem de R$ 23 bilhões fora da regra fiscal – relativos ao excesso de arrecadação acumulado no ano anterior.

---

15 Ver por todos: Auxílio Brasil: entenda o que muda com a PEC da Transição - 21/12/2022 - Mercado - Folha (uol.com.br), acesso em 14/04/2023.

16 O projeto do novo arcabouço fiscal teve seu texto divulgado em 18/04/2023, como amplamente noticiado, ver: Veja a íntegra do projeto do novo arcabouço fiscal | Economia | G1 (globo.com), acesso em 19/04/2023.

A referida emenda constitucional n. 126/2022[17] tinha como principal objetivo garantir o pagamento de R$ 600,00 para as famílias cadastradas no programa Bolsa Família e mais um benefício de primeira infância, no valor de R$ 150,00 por cada criança de até seis anos e um benefício variável familiar de R$ 50,00 dirigido às famílias que tenham em sua composição gestantes e/ou crianças com idade entre 7 e 12 anos incompletos e/ou adolescentes, com idade entre 12 e 18 anos incompletos, pago por pessoa que atenda estes critérios. Esses novos valores do Bolsa Família passaram a ser pagos, a partir de 20 de março de 2023[18].

Nesse ponto, registre-se o dado empírico apropriado a partir do II Inquérito VIGISAN, no sentido de apontar um expressivo aumento da insegurança alimentar nos domicílios com crianças de até 10 anos, de 9,4% para 18,1%, em um ano, o que demonstra tanto o aumento da vulnerabilidade de suas famílias no período da pandemia, como a negligência dos governos na gestão do PNAE, na medida que diante da impossibilidade do ensino presencial, a alimentação das crianças foi duplamente prejudicada, tanto pela falta de alimentação escolar, como em vista da exposição à escassez de alimentos em seus próprios domicílios (2022, p. 87).

Além de assegurar o pagamento do Bolsa Família, a referida emenda constitucional viabilizou recurso para o aumento real do salário mínimo. Desse modo, o Congresso aprovou o projeto de orçamento 2023 com salário mínimo de R$ 1.320,00, valor que representa custo adicional de R% 6,8 bilhões, o que também foi possível a partir da aprovação da EC 126/2022, e cujo piso entrará em vigor a partir de 1º de maio de 2023.

Ainda, tornou-se possível a manutenção e ampliação de políticas públicas como o Farmácia Popular, o Auxílio Gás e o Minha Casa, Minha Vida, por exemplo, através da recomposição dos Ministérios da Saúde (R$ 22,7 bilhões), Desenvolvimento Regional (R$ 18,8 bilhões), Infraestrutura (R4 12,2 bilhões) e Educação (R$ 10,8 bilhões)[19].

---

17 Emenda Constitucional nº 126 (planalto.gov.br), acesso em 14/04/2023.

18 Ver: cartilha_bolsa_familia.pdf (www.gov.br), acesso em 14/04/2023.

19 Noticiado na imprensa, ver por todos: Salário mínimo de R$ 1.320 em 2023 é aprovado no Congresso - 22/12/2022 - Mercado - Folha (uol.com.br), acesso em 14/04/2023.

Ou seja, presencia-se um momento político no Brasil, em que o Estado brasileiro retoma o seu papel de agente responsável pela garantia de direitos, em especial à segurança alimentar, com política de transferência direta de renda, via bolsa família e retomada de aumento real do salário mínimo, por exemplo.

Numa sociedade como a nossa, marcada por desigualdades sociais e regionais que determinam as condições materiais e subjetivas da vida de seus cidadãos, cumpre ao Estado ser indutor do desenvolvimento social e regional, através da implementação de políticas públicas, sendo esse um princípio central norteador do combate à fome, em nosso país.

Relatório da FAO de 2018 (p. 4) anunciava que, de acordo com as últimas estatísticas, quase 60% das então 815 milhões de pessoas que sofriam de fome no mundo viviam em países afetados por conflitos, como a Somália, o Yemen, o nordeste da Nigéria, entre outros. Além dos conflitos, a mudança climática, o crescimento da população e as alterações nos padrões da dieta têm também influenciado a desnutrição e subnutrição no mundo.

No caso brasileiro, a fome é essencialmente uma escolha política. A própria experiência do programa Fome Zero, que tirou o Brasil do mapa mundial da fome, em pouco mais de uma década, mostrou para todo o mundo que, no nosso caso, o orçamento e a vontade política expressa em ações de políticas públicas podem reverter esse quadro de vergonha famélica.

É evidente que este lugar necessário de atuação do Estado não exclui a importância da sociedade civil e dos movimentos sociais[20], em especial na construção de caminhos de solidariedade que minimizem de forma emergencial essa terrível realidade da fome, que tantos brasileiros e brasileiras estão vivenciando.

Importante o envolvimento dos mais diversos agentes, a partir do reconhecimento de seus diferentes papéis na superação da insegurança alimentar em nosso país, mas com a firme ideia de que é o Estado

---

20 Registre-se o MST – Movimento dos trabalhadores rurais sem terra que, em setembro de 2022, tinha doado mais de 7 mil toneladas de alimentos desde o início da pandemia MST já doou mais de 7 mil toneladas de alimentos desde o início da pandemia - MST, acesso em 14/04/2023.

que precisa ocupar papel de garantidor do direito humano à segurança alimentar de todas e de todos brasileiros (as), para o que é imprescindível a criação de canais de diálogo, de participação da sociedade, de valorização das diversidades, de conhecimento dos diferentes contextos e realidades, tudo isso com vistas à construção de políticas públicas capazes de acabar com a violência política da fome, no Brasil.

Nesse ponto, importante registrar o decreto n. 11.421, de 28/02/2023, que reinstalou o CONSEA – Conselho Nacional de Segurança Alimentar, criado durante o governo Itamar Franco (1993), tendo sido restabelecido por Lula (2003), e posteriormente extinto por Bolsonaro (2019).

O CONSEA é um órgão colegiado brasileiro de assessoramento imediato à Presidência da República, que integra o Sistema Nacional de Segurança Alimentar e Nutricional, composto por 2/3 de representantes da sociedade civil e 1/3 de representantes governamentais. Consiste em um espaço institucional para o controle social e participação da sociedade na formulação, monitoramento e avaliação de políticas públicas de segurança alimentar e nutricional, com o objetivo de promover a realização progressiva do direito humano à alimentação adequada.

Feitas essas considerações, finaliza-se o presente artigo a partir de Josué de Castro, em cuja época do lançamento da sua obra Geografia da fome, em 1946, combateu o pensamento vigente de que o fenômeno da fome era natural e impossível de ser revertido. Desconstruiu tal discurso de silenciamento, viajando todo o país e comprovando que a fome no Brasil não decorre de fenômenos naturais, mas da prioridade dos governantes.

Para Frei Betto, um dos idealizadores do Programa Fome Zero, citado por Anna Maria de Castro[21], "as obras de Josué tiveram o mérito de quebrar o tabu em torno do tema da fome. Provaram que ela não é uma consequência do clima do Nordeste e desmistificaram de que a fome é castigo de Deus. Ele, Josué, foi o primeiro a mostrar a fome como questão política".

---

21 Disponível em: Josué de Castro e a descoberta da fome | Nexo Políticas Públicas (nexojornal.com.br), acesso em 14/04/2023.

Portanto, quando hoje afirmamos que a fome é uma escolha política, esse pensamento teve origem na denúncia de Josué de Castro de que a fome, no Brasil, é um flagelo praticado pelos homens, contra outros homens. Isso se mantém até hoje.

REFERÊNCIAS

AFONSO, José Roberto; SALTO, Felipe; RIBEIRO, Leonardo. A PEC do teto e o resto do mundo. Revista Conjuntura Econômica, v. 70, n. 10, p. 23-24, 2016, p. 24

CARVALHO, Laura. Valsa brasileira. São Paulo: Todavia, 2018, p.121

CASTRO, Anna Maria de. Josué de Castro e a descoberta da fome. Cátedra J. Castro/USP, 2021, disponível em: Josué de Castro e a descoberta da fome | Nexo Políticas Públicas (nexojornal.com.br), acesso em 14/04/2023.

GALINDO, Eryka. A fome é uma opção política. EPSJV/ Fiocruz, 2021, disponível em 'A fome é uma opção política' | Escola Politécnica de Saúde Joaquim Venâncio (fiocruz.br), acesso em 14/04/2023.

LAGARDE, Christine. Erguer os Pequenos Barcos. Bruxelas, 2015, disponível em 'A fome é uma opção política' | Escola Politécnica de Saúde Joaquim Venâncio (fiocruz.br), acesso em 14/04/2023.

MELO, Luciana Grassano de Gouvêa. Tributação, crescimento econômico e redução das desigualdades. OLIVEIRA, Daniela Olimpio et all (org). Tributação e Sociedade sob a perspectiva de mulheres tributaristas. Dialética: São Paulo, 2023.

MELO, Luciana Grassano de Gouvêa e RIBEIRO, Ana Carolina Cardoso Lobo. Novo Regime Fiscal e Subdesenvolvimento no Brasil. Revista de Direito da Administração Pública. a. 7. V. 1, n.1, 2022, jan/jun, p. 234 a 256.

ORGANIZAÇÃO DAS NAÇÕES UNIDAS PARA A ALIMENTAÇÃO E A AGRICULTURA (FAO). A caminho do Fome Zero (1945-2030). FAO, 2018.

REDE PENSSAM. Vigisan – Inquérito Nacional sobre Insegurança Alimentar no Contexto da Pandemia da Covid 19 no Brasil. PENSSAM, 2021.

————. II Vigisan – Inquérito Nacional sobre Insegurança Alimentar no Contexto da Pandemia da Covid 19 no Brasil. PENSSAM, 2022.

RIBEIRO, Ricardo Lodi. Desigualdade e Tributação na Era da Austeridade Seletiva. Rio de Janeiro: Lumen Juris, 2019.

OS LIMITES DO SISTEMA TRIBUTÁRIO ENTRE COERÊNCIA E DIREITOS HUMANOS

Thiago Álvares Feital[1]

SUMÁRIO: Introdução ||| 1. A legislação como resposta à realidade: *como deve agir o legislador racional?* ||| 2. Limites à discricionariedade legislativa no PIDESC: *quais são os parâmetros de controle da legislação contidos no artigo 2º do PIDESC?* ||| 3. Quais os limites impostos à reforma do sistema tributário pelo dever de coerência e pelo artigo 2º do PIDESC? ||| Conclusão ||| Referências bibliográficas

Resumo: Este trabalho aborda a utilização de normas de direito positivo internacional (tratados de direitos humanos) como referencial normativo para o desenho do sistema tributário brasileiro. Recorrendo à Legística contemporânea e ao artigo 2º do Pacto Internacional sobre os Direitos Econômicos, Sociais e Culturais argumentamos que o legislador tributário está sujeito a limites normativos quando da elaboração de normas tributárias. Estes limites restringem as conformações possíveis do Sistema Tributário Nacional, ao mesmo tempo em que comandam a escolha de determinadas estruturas. A investigação demonstrou que há um dever de responsividade do legislador em relação à realidade, positivado no artigo 52, XV da Constituição e sistematizado pela Legística. Este dever recomenda a revisão da isenção concedida à distribuição de lucros e dividendos e aos juros sobre capital próprio. As obrigações previstas no artigo 2º do PIDESC, por sua vez, orientam a construção de um sistema progressivo, permitem questionar os impactos discriminatórios da legislação tributária e recomendam a correção das ineficiências do sistema.

---

[1] Conselheiro representante dos contribuintes no Conselho de Contribuintes de Minas Gerais. Professor das Faculdades Milton Campos. Doutor (2022) e mestre em Direito pela UFMG (2017). Advogado.

Palavras-chave: Tributação. Direitos econômicos, sociais e culturais. Legística.

Abstract: This paper addresses the use of international law rules (human rights treaties) as a normative reference for the design of the Brazilian tax system. Drawing on contemporary Legisprudence and Article 2 of the International Covenant on Economic, Social and Cultural Rights, we argue that the tax legislator is subject to normative limits when drafting tax norms. These limits restrict the potential configurations of the National Tax System, while commanding the choice of certain structures. The investigation has shown that the legislator has a duty of responsivity in relation to reality, stated in article 52, XV of the Brazilian Constitution and systematized by Legisprudence. This duty recommends the revision of the exemption granted to profit and dividend distribution and to interest on net equity. The obligations provided for in article 2 of ICESCR, meanwhile, guide the construction of a progressive system, allow the discriminatory impacts of tax legislation to be challenged and recommend the correction of the system's inefficiencies.

Keywords: Taxation. Economic, social and cultural rights. Legisprudence.

INTRODUÇÃO

A existência dos direitos e das instituições previstas na Constituição da República depende materialmente da tributação (GALLO, 2007; HOLMES; SUNSTEIN, 1999). Como as receitas para custear as despesas públicas originam-se sobretudo dos tributos[2], estes tornam-se um elemento crucial no plano jurídico-político: um dispositivo cujo valor instrumental é a medida da sua capacidade de contribuir para o projeto constitucional como um todo. Malgrado a debilidade da "vontade de constituição" (HESSE, 1991) que caracteriza a história brasileira recente, a Constituição de 1988 é uma norma e, por isso, exige ser con-

---

2 Em 2020, as receitas de impostos, taxas, contribuições de melhoria e contribuições especiais (*receitas tributárias* e *receitas de contribuições,* na terminologia da Portaria Interministerial STN/SOF nº 338/2006) corresponderam a 88,34% das receitas correntes da União (BRASIL, 2020b).

cretizada[3]. Mais do que qualquer de suas antecessoras, porém, ela é um pacto para transformar a realidade. Esta é a razão pela qual em seu artigo 3º encontramos verbos como "construir", "garantir", "erradicar" e "promover", todos eles indicadores de ações que visam a alterar o *status quo*. A legislação (tributária ou não) é o meio de o fazer.

Constatada a instrumentalidade do sistema tributário em face dos fins constitucionais, pode-se analisar os efeitos da legislação tributária à luz destes fins. Uma constituição como a brasileira estabelece o espaço de atuação do legislador — isto é, o subordina, como é característica das constituições em Estados de direito (KELSEN, 2013c) —, o que permite cotejar as leis com o objetivo que com elas se pretendia alcançar, para verificar se o meio é adequado (razoável e proporcional) aos fins. Naturalmente, a generalidade com que são estabelecidos estes fins e a indeterminação da linguagem — que não é "[...] um sistema normativo natural dado de antemão [...]" (JOUANJAN, 1996, p. 21) — abrem amplas margens de escolha para o legislador que não se vê restringido diante da Constituição da mesma maneira que a Administração se encontra diante da lei (CANOTILHO, 2001, p. 235–238). De todo modo, por mais amplas[4] que sejam estas margens, o seu espaço de atuação é balizado por limites positivos e negativos. Se os últimos foram estudados à exaustão pelo direito tributário brasileiro[5], os primeiros são normalmente ignorados[6]. Nesta análise, entram em jogo,

---

3 "Le sens politico-historique d'une Constitution est d'être l'ordre fondamental déterminant d'une communauté déterminée, y compris de ses forces divergentes. Le Droit constitutionnel est du droit positif. Le caractère décisionnel inhérent à tout droit (même s'il ne le définit pas) est particulièrement perceptible dans ce domaine." (MÜLLER, 1996, p. 231)

4 "A liberdade do legislador, que só está subordinado à Constituição, submete-se a limitações relativamente fracas; seu poder de criação permanece relativamente grande. A cada grau que se desce, a relação entre liberdade e limitação se modifica em favor do segundo termo: a parte da aplicação aumenta, a da livre criação diminui" (KELSEN, 2013a, p. 126).

5 Veja-se, por todos, a obra clássica de Aliomar Baleeiro (2010), atualmente atualizada por Misabel Derzi.

6 A razão para tanto remete à estruturação do campo acadêmico do direito tributário que nunca foi, no Brasil como alhures, concebido como o estudo de um instrumento para realização da cidadania ou dos fins estatais em geral (objeto extirpado do direito tributário e remetido ao direito financeiro), mas sim como uma

além das proibições, os comandos constitucionais que devem orientar o *desenho* do sistema tributário.

Na perspectiva doméstica, a responsabilidade do legislador pelos efeitos das leis é tema de que se ocupa a Legística contemporânea[7]. No direito brasileiro, o remédio para descumprimento da Constituição por ato do Legislativo (via aprovação de leis inconstitucionais ou omissão legislativa) é a invalidação da norma por meio das ações de controle de constitucionalidade. Mas a questão é relevante também em uma perspectiva internacional, pois tratados de direitos humanos exigem a alteração da legislação interna. Neste segundo caso, diante do descumprimento da obrigação convencional por ato atribuível ao Estado, adentramos no campo da responsabilidade internacional[8].

Argumento, neste trabalho, que a união de ambos os campos oferece um quadro teórico adequado para criticar o sistema tributário brasileiro a partir dos direitos humanos[9] com foco na atuação do Legislativo. Desejo identificar as linhas gerais deste quadro partindo das preocupações que orientam a Legística e de uma leitura do artigo 2º do Pacto Internacional sobre os Direitos Econômicos, Sociais e Culturais (PIDESC). Para tanto, busco responder à seguinte questão: *quais limites o artigo 2º do PIDESC impõe à produção legislativa em matéria tributária?* Sem qualquer pretensão de exaurir o tema, desejo apontar direções para uma agenda de pesquisa ainda incipiente no Brasil e indicar como uma leitura do direito tributário baseada em direitos humanos pode orientar o desenho de alternativas ao sistema tributá-

---

disciplina de proteção dos interesses *individuais* do contribuinte em face do Estado. Para aprofundamentos remetemos o leitor para Feital (2018).

7 No Brasil, um dos primeiros trabalhos a tratar do tema — na perspectiva do controle de constitucionalidade — é o texto de Mendes (2000).

8 A responsabilidade internacional é objetiva: não se exige comprovação de dolo ou de culpa (PELLET, 2017, p. 07). Não abordaremos aqui a discussão sobre a responsabilidade internacional decorrente da violação de direitos humanos por leis tributárias. Nosso intuito neste trabalho é identificar eixos normativos que permitam adequar o produto da atividade legislativa aos *standards* internacionais. Trata-se de empregar as normas de direitos humanos como dispositivos para o planejamento e o cumprimento de obrigações internacionais, sob a perspectiva do Legislativo, e não como dispositivos para o controle exógeno da atividade legislativa pelo Judiciário.

9 Sobre a relação entre tributação e direitos humanos, veja-se Alston e Reisch (2019), Feital (2019) e Balakrishnan *et al.* (2011).

rio atual e contribuir para a avaliação das propostas de reforma existentes. A investigação é oportuna, tendo em vista a intensa discussão no país sobre a reforma tributária. Além disso, a utilização do artigo 2º do PIDESC como parâmetro justifica-se normativamente diante da relevância deste tratado na legislação brasileira e no sistema global de direitos humanos. Como demonstrarei na próxima seção, meu ponto de vista está comprometido com a ideia de que, no Estado democrático de direito, o legislador encontra-se constrangido pela Constituição a atuar de modo racional, o que é consequência da coerência[10] que atribuímos ao sistema jurídico (WINTGENS, 2002). Esta, como ensina Bobbio (2010, p. 269), é ou condição de validade ou condição de justiça do ordenamento, razão pela qual podemos entendê-la como uma regra metodológica (MÜLLER, 1989, p. 22–23) ou como o corolário de normas estruturantes como a legalidade, a segurança jurídica ou a igualdade. Esta premissa é incompatível com teorias que consideram que o ato legislativo é insuscetível de controle ou limitação[11].

Para responder à questão proposta, dividi o presente texto em três seções, além desta introdução e da conclusão. Na seção 2, apresento uma visão da atividade legislativa compatível com os ideais jurídicos de coerência e racionalidade. Busco demonstrar como a atividade legislativa é limitada pela Constituição, ainda que tais limites sejam extensos. Para tanto, reviso a literatura contemporânea afim de sistematizar as obrigações gerais que são genericamente atribuídas ao legislador pelas constituições em Estados democráticos de direito, de acordo com a Legística. Na seção 3, discorro brevemente acerca da relação entre tributação e direitos humanos para ressaltar o *status* normativo dos

---

10 O valor deste argumento não depende necessariamente da adoção de um conceito de coerência similar ao conceito de integridade de Dworkin (1986).

11 Na forma consagrada no artigo 3º, Capítulo V da Constituição francesa de 1791, o princípio da separação de poderes implicava na vedação expressa a que o Judiciário se imiscuísse nas atividades do Legislativo, o que compreendia a proibição de se suspender a aplicação de leis. A originalidade da proposta de Kelsen de criação de uma "corte constitucional" (*Verfassungsgerichtshof*) composta por juízes vitalícios nomeados pelo chefe do Poder Executivo para (i) garantir a força normativa da constituição, (ii) preservar as minorias em face dos "atropelos da maioria" (KELSEN, 2013a, p. 181) e (iii) disciplinar as relações entre entes federados, resulta de sua ruptura com este modelo.

tratados internacionais de direitos humanos[12] em face da legislação tributária. Analiso, em seguida, as obrigações contidas no artigo 2º do PIDESC (dever de utilizar o máximo de recursos disponíveis; realização progressiva; vedação ao retrocesso; e proibição de discriminar) na condição de limites e vetores da discricionariedade legislativa, recorrendo à interpretação autêntica do Comitê sobre Direitos Econômicos Sociais e Culturais[13] (CESCR) e à literatura acadêmica. Finalmente, retomo as obrigações identificadas nas seções anteriores para apresentá-las como vetores normativos para a estruturação de um sistema tributário compatível com as obrigações internacionais da República em face do PIDESC. De cada uma das obrigações extraio uma questão capaz de orientar a discussão acerca de um dos dois eixos axiológicos do sistema tributário (eficiência e equidade).

1. A LEGISLAÇÃO COMO RESPOSTA À REALIDADE: *COMO DEVE AGIR O LEGISLADOR RACIONAL?*

A atividade legislativa, assim como a judicial, é um trabalho "[...] *em, sobre* e *com* a linguagem [...]" (WIMMER; CHRISTENSEN, 1989, p. 27). Como nenhum texto é capaz de reificar o seu próprio significado (MÜLLER, 1989, p. 09), nem mesmo o texto constitucional, o trabalho de criação de leis é precedido pela interpretação da Constituição por parte do legislador. Enquanto intérprete, o Legislativo pratica atos de linguagem tanto quanto o Judiciário (MÜLLER, 1996, p. 163) e também deve proceder de modo verificável e racional. Presumimos que as leis são constitucionais até que se tenha uma decisão definitiva em contrário[14], porque presumimos que os atos do legislador são racionais (WINTGENS, 2002, p. 14).

---

12 Os tratados cujo objeto é a regulação de matéria tributária — normalmente dedicados a evitar a bitributação e formalizar o compromisso de troca de informações entre administrações fazendárias — não gozam da posição privilegiada dos tratados de direitos humanos, mas o artigo 98 do Código Tributário Nacional lhes atribui precedência sobre as normas internas.

13 Criado pela Resolução ECOSOC 17/1985, o órgão é composto por dezoito especialistas independentes incumbidos de monitorar a realização dos direitos previstos no PIDESC.

14 Segundo Kelsen (2013b, p. 309), a declaração de inconstitucionalidade de uma lei criada pelo legislador competente é um ato constitutivo, motivo pelo qual, antes

Diante de comandos constitucionais como "erradicar a pobreza" ou "garantir o desenvolvimento", o Legislativo dispõe de significativa liberdade para projetar soluções. As propostas devem, contudo, atender a requisitos de racionalidade para que sejam democraticamente controláveis. É o que permite, por exemplo, a um tribunal constitucional analisar os *fatos legislativos* que fundamentaram a adoção da proposição, para verificar "[...] a relação entre a lei e o problema que se lhe apresenta em face do parâmetro constitucional" (MENDES, 2000, p. 08). Reservado o espaço do prognóstico do legislador — isto é, a discricionariedade que lhe é atribuída quando diante de mais de uma alternativa para concretizar uma norma constitucional — há uma linha tênue entre a vedação de controle das conjecturas feitas pelo Legislativo e o poder judicial de avaliar a implementação de princípios formulados na Constituição em linguagem vaga. De qualquer forma, é indiscutível que o resultado da interpretação legislativa dos fatos (da vida social, econômica, política etc.) e a forma eleita para endereçá-los — o que Canotilho (2003, p. 1316) denomina de "prognose legislativa" — não pode contrariar as normas constitucionais. O desenvolvimento pleno deste argumento nos levaria a refletir acerca dos limites do controle de constitucionalidade do *mérito* das leis. Contudo, restringindo o escopo deste trabalho, adotamos uma visão endógena para apresentar estes requisitos como normas a serem aplicadas pelo próprio Legislativo em seus atos. Pode-se cogitar aqui do controle político realizado pelas Comissões Parlamentares durante o processo legislativo e daquele realizado pelo Executivo por meio do veto (MENDES, 2011, p. 1059).

Além dos requisitos relativos à forma (campo da legística formal), a lei deve ser avaliada, então, considerando-se os resultados por ela alcançados com base nos resultados constitucionalmente exigidos (MORAND, 1988, p. 394). Analisando a jurisprudência do Tribunal Constitucional Federal da Alemanha, corte pródiga na sistematização da matéria (OLIVER-LALANA; MESSERSCHMIDT, 2016, p. 01), Morand (1988, p. 396) sistematizou quatro obrigações atribuíveis ao legisla-

---

da declaração pela corte não se pode falar em inconstitucionalidade. O princípio hermenêutico de presunção de constitucionalidade das leis é de longa data adotado no direito brasileiro e fundamenta a cláusula de reserva de plenário contida no artigo 97 da Constituição.

dor: (a) obrigação de estabelecer os fatos que fundamentam a legislação; (b) obrigação de apreciar os dados e as alternativas; (c) obrigação de avaliar prospectivamente; e (d) obrigação de observar e corrigir a legislação.

A primeira[15] corresponde ao dever de estabelecer com rigor os fatos relativos à legislação. Como a justificativa de uma proposição normativa demonstra, o processo legislativo vincula-se a circunstâncias determinadas e pretende solucionar um estado de coisas específico. Assim, um passo prévio ao processo legislativo em sentido estrito é o estabelecimento adequado dos fatos que reclamam a introdução de novos textos legais no sistema jurídico. Para tanto o legislador deve considerar o estado da arte relativo ao problema que pretende regular (WINTGENS, 2013, p. 21). Naturalmente, assim como o operador do direito deve buscar apoio nas ciências para compreender o referencial factual das normas que constrói (MÜLLER, 1996, p. 356), o legislador também deve compreender adequadamente a realidade sobre a qual deseja intervir. Este dever de averiguar os fatos deve ser realizado de forma transparente, não apenas em relação a quais fatos justificam a apresentação da proposição, mas igualmente em relação ao modo como o órgão chegou a tais fatos (WINTGENS, 2012, p. 296). À determinação dos fatos associa-se a formulação correta do problema que deve ser, além do mais transparente possível, razoável (MORAND, 1988, p. 395). Dentre as alternativas contidas no espaço de prognose legislativa, espera-se que seja escolhida aquela que produza o resultado ótimo. A irrazoabilidade da lei — que pode se manifestar na "[...] inconsequência, incoerência, ilogicidade, arbitrariedade, contraditoriedade, completo afastamento do senso-comum e da consciência ético-jurídico comunitária [...]" (CANOTILHO, 2003, p. 1320) — pode derivar da adoção de fatos equivocados. Naturalmente, se a adoção da lei partiu de uma compreensão equivocada da realidade ou se os seus dispositivos são inaptos a alcançar a finalidade a que se propõem, deverá ser alterada ou revogada[16].

---

15 Não há ordem lexical entre as obrigações (WINTGENS, 2012, p. 304).

16 No Brasil, temos um exemplo recente no Projeto de Lei n.º 6.787/2016 que instituiu a reforma trabalhista. Dentre outras premissas, o projeto parte do argumento, constatado na mensagem que o acompanha, de que o número de ações trabalhistas no país é elevado ou excessivo. Tendo em vista que a "excessividade" do número de

Finalmente, as duas últimas obrigações correspondem a um dever de responsividade: a obrigação de avaliar e monitorar os efeitos positivos e negativos da lei, documentando-os para permitir o seu controle posterior e a correção das leis quando necessário. Todas essas obrigações compõem um "dever de refletir" (BICKENBACH, 2016, p. 244): uma vez que o legislador não tem condições de (i) antever e determinar definitivamente as circunstâncias em que a lei será aplicada (WINTGENS, 2012, p. 290), (ii) precisar com exatidão os efeitos futuros destas mesmas leis e (iii) determinar o sentido definitivo dos enunciados postos na lei, cabe-lhe monitorá-las periodicamente (OLIVER-LALANA, 2016, p. 259). O legislador racional é responsivo à realidade social (WINTGENS, 2013, p. 19), pois "a contingência e condicionalidade da vida histórica real são justamente a esfera de ação da normatividade e o que a torna necessária" (MÜLLER, 1966, p. 70). Fundamentalmente, o dever de monitorar o efeito das leis decorre da temporalidade do direito. A legislação é inerentemente prospectiva, visa a modificar fatos futuros (OLIVER-LALANA, 2016, p. 259), por este motivo, é que configura uma exigência de racionalidade que o legislador leve em consideração as circunstâncias futuras que interagirão com a lei bem como os efeitos previsíveis da legislação ao longo do tempo (WINTGENS, 2012, p. 301–302).

O dever de retrospecção, por outro lado, obriga o legislador a levar em conta o histórico de efeitos produzidos pela legislação. Esta deve se justificar ao longo do tempo e não apenas no momento de sua propositura[17]. Uma alteração das circunstâncias que levaram à criação da legislação pode ser de diferentes tipos, segundo Wintgens (2012, p. 301): (i) alteração dos fatos sociais independentemente da legislação; (ii) alteração dos fatos sociais como resultado da legislação; (ii.a) resultado almejado pela legislação; (ii.b) resultado não almejado pela

---

ações trabalhistas é uma medida relativa, resta a questão de se determinar qual parâmetro foi adotado pelo legislador para realizar a comparação. A questão, que não está respondida na justificativa do projeto, foi respondida nos debates de votação da proposição em que os congressistas em mais de uma oportunidade alegaram que nos Estados Unidos seriam ajuizadas apenas 75 mil ações trabalhistas por ano. A alegação é desprovida de embasamento metodológico e não condiz com a realidade (CASAGRANDE, 2017).

17 É o que Wintgens (2012, p. 303) denomina de "[...] fact-finding on a renowed basis".

legislação; (ii.b.1) resultado não almejado negativo (efeito negativo); (ii.b.2) resultado não almejado positivo (efeito positivo).

A questão dos efeitos da legislação ao longo do tempo também diz respeito aos conceitos de eficácia (*a legislação atinge o seu propósito?*), efetividade (*é cumprida?*) e eficiência (*há relação adequada de custo-benefício entre a legislação e os seus efeitos?*) (WINTGENS, 2013, p. 19–20). As combinações destes critérios apontam para a possibilidade de múltiplas respostas e diferentes disfunções. De todo modo, a análise retrospectiva deverá conduzir à revisão da legislação quando os fatos atuais não mais justificarem a sua existência.

Estas exigências de racionalidade derivam não tanto da pretensão a uma Legística normativa, mas da própria estrutura constitucional dos Estados democráticos de direito, em relação à qual o Brasil não é exceção. Se, como vimos acima, a Constituição de 1988 nos permite identificar a legislação como a realização de direitos nela garantidos, o direito internacional — de resto, integrado ao direito doméstico pela própria Constituição — agrega requisitos materiais e procedimentais àqueles nela previstos. Em matéria tributária, estes requisitos restringem o campo de escolha do legislador — a Constituição "[...] torna-se premissa material da política" (CANOTILHO, 2001, p. 487) — e permitem modelar propostas de reforma do Sistema Tributário Nacional mais adequadas às obrigações de direitos humanos assumidas pela República.

Uma vez que apresentamos as obrigações gerais derivadas do dever de coerência atribuídas ao legislador racional e analisamos a forma como estas delimitam a discricionariedade legislativa, podemos passar à investigação das normas contidas no artigo 2º do PIDESC.

2. LIMITES À DISCRICIONARIEDADE LEGISLATIVA NO PIDESC: *QUAIS SÃO OS PARÂMETROS DE CONTROLE DA LEGISLAÇÃO CONTIDOS NO ARTIGO 2º DO PIDESC?*

No Brasil, o silêncio da literatura acerca dos efeitos dos tratados de direitos humanos sobre a legislação tributária causa espanto, tendo em vista a já mencionada tradição de defesa dos direitos do contribuinte que a caracteriza e que levou à denominação da Seção II, Capítulo I,

Título VI da Constituição de "Limitações ao Poder de Tributar". Em uma perspectiva dogmática, considerando o estatuto dos direitos humanos no sistema jurídico brasileiro não há nada que autorize uma leitura dos princípios constitucionais tributários apartada dos direitos previstos naqueles tratados. Pelo contrário, ninguém entre nós ignora o princípio básico da unidade do direito[18]. Já em 2008, o Supremo Tribunal Federal decidiu no Recurso Extraordinário n.º 466.343 que os tratados de direitos humanos possuem natureza de norma *constitucional* — se aprovados pelo rito do artigo 5º, §3º da Constituição — ou *supralegal* — quando não submetidos a esse rito[19]. Em qualquer dos dois casos, a legislação tributária veiculada por meio de lei complementar ou ordinária está situada em plano inferior. Podemos considerar, então, que os tratados de direitos humanos compõem aquela "[...] complexa aparelhagem de freios e amortecedores [...]" que Baleeiro (2010, p. 02) identificou no século passado como limites à tributação no Brasil.

Um dos principais instrumentos internacionais limitadores da discricionariedade legislativa no Brasil é o PIDESC. Adotado pela Assembleia Geral das Nações Unidas em 1966 e internalizado pelo Brasil em 1996, o artigo 2º do tratado prevê "obrigações gerais ou básicas" (CARMONA, 2003, p. 16) que devem ser cumpridas pelos Estados parte. Dentre estas, interessam-nos aquelas previstas nos itens 1 e 2, as quais passamos a analisar esquematicamente:

---

18 Para uma crítica do princípio em relação à interpretação da constituição, no sentido de sua superfluidade diante do princípio da interpretação sistemática, veja-se Müller (1996, p. 279–283)

19 Para parte da literatura, em ambos os casos, estes tratados são materialmente constitucionais, graças à previsão contida no artigo 5º, §2º, da Constituição. Cf. Cançado Trindade (1993) e Piovesan (2015).

Tabela 1 – Análise do artigo 2º do PIDESC

Dispositivo	Obrigação
Artigo 2º. 1. Cada Estado Parte do presente Pacto compromete-se a adotar medidas, tanto por esforço próprio como pela assistência e cooperação internacionais, principalmente nos planos econômico e técnico, *até o máximo de seus recursos disponíveis*, [...]	*Utilização do máximo de recursos disponíveis.*
[...] que visem a assegurar, *progressivamente*, por todos os meios apropriados, o pleno exercício dos direitos reconhecidos no presente Pacto, incluindo, em particular, a adoção de medidas legislativas.	*Realização progressiva e vedação ao retrocesso.*
2. Os Estados Partes do presente Pacto comprometem-se a garantir que os direitos nele enunciados se exercerão *sem discriminação alguma* por motivo de raça, cor, sexo, língua, religião, opinião política ou de outra natureza, origem nacional ou social, situação econômica, nascimento ou qualquer outra situação.	*Vedação à discriminação.*

Fonte: Elaborado pelo autor a partir de BRASIL, 1992.

O dever de realização progressiva dos direitos econômicos, sociais e culturais (ESC) é uma obrigação imediatamente exigível dos Estados que ratificaram o PIDESC. Ainda que se reconheça que a implementação destes direitos *normalmente*[20] é gradual, a obrigação de realizá-los com constância, sucessividade e continuidade é imediata, como esclarecem os itens 16 e 21 dos Princípios de Limburgo (UN COMISSION ON HUMAN RIGHTS, 1987). Veda-se também a adoção de medidas que impliquem em retrocesso de direitos, o que é decorrência lógica da realização progressiva. O retrocesso — que é eventualmente justificável[21], por exemplo, diante da ausência de recursos[22] — compreende

---

20 A possibilidade de realizar os direitos progressivamente pode ser afastada, caso a natureza do direito em questão não demande recursos substanciais para sua realização, nos termos do item 8 dos Princípios de Limburgo (UN COMISSION ON HUMAN RIGHTS, 1987). É o caso do direito de greve, por exemplo. Outros direitos são expressamente excepcionados da realização progressiva, como o direito de acesso gratuito à educação primária obrigatória que, segundo o artigo 14 do PIDESC, deve ser viabilizado mediante plano detalhado de ação no prazo de dois anos a contar do ingresso do Estado no tratado e a proibição de discriminação (BRASIL, 1992).

21 Para uma análise compreensiva do princípio veja-se Nolan; Lusiani; Courtis (2014).

22 O ônus de demonstrar a ausência de recursos é do Estado. Além disso, as medidas adotadas deverão respeitar o núcleo mínimo de direitos (*minimum core*). Este núcleo está sujeito — nos termos dos Comentários Gerais do CESCR n.º 14, 15, 17 e 19 — a uma proibição *absoluta* de retrocesso (CESCR, 2000, 2003, 2005, 2008).

quaisquer atos (comissivos ou omissivos) que tenham como resultado privar pessoas de direitos dos quais antes usufruíam.

A obrigação de realização progressiva relaciona-se também ao dever de utilizar o máximo de recursos disponíveis na realização dos direitos humanos. Por força desta obrigação, os Estados devem, considerando a discricionariedade que lhes é inerente, adotar as medidas legislativas e judiciais necessárias para garantir a maior fruição possível dos direitos ESC, *inclusive* durante crises econômicas (CESCR, 2016). O princípio visa a compelir os Estados parte a otimizar a obtenção de receitas (BALAKRISHNAN *et al.*, 2011), priorizando a alocação de recursos para realização de direitos humanos (CARMONA, 2003, p. 332). Permite, então, verificar a adequação da legislação e das políticas públicas adotadas em relação à sua capacidade de contribuir para o alcance deste objetivo. Em manifestação sobre a natureza da obrigação contida no artigo 2º, 1 do PIDESC, o CESCR teve ocasião de esclarecer que o núcleo da obrigação de mobilizar o máximo de recursos disponíveis é composto também pela obrigação de buscar ou prover assistência internacional e cooperação (CESCR, 1990)[23]. Caso alegue não ter condições de realizar os direitos ESC progressivamente — em razão de restrições financeiras em resposta a crises econômicas, por exemplo[24]— a conjugação da realização progressiva com a utilização do máximo de recursos disponíveis acarreta para o Estado o ônus de demonstrar que, dentro de seus limites financeiros (reserva do possível), a realização dos direitos ESC foi priorizada por meio de todos os recursos que estavam ao seu alcance, ainda que a implementação contínua e sucessiva não fosse possível no momento.

Finalmente, o dever de não discriminar — que está presente em todos os tratados de direitos humanos no sistema global e surge em redação genérica no artigo 2º, 2 do PIDESC[25] — também é uma obrigação

---

23 Neste sentido, a obrigação se bifurca para abarcar os Estados em condições de prover auxílio e os Estados que necessitam de auxílio (INTERNATIONAL BAR ASSOCIATION, 2017, p. 33–36).

24 Sobre as obrigações de direitos humanos como limites a políticas consolidação fiscal, veja-se Nolan e Bohoslavsky (2020) e Carmona (2014).

25 Além de outros dispositivos que visam a garantir concretamente a igualdade na fruição de direitos específicos, esta encontra-se, também, no artigo 3º do PIDESC, na forma da igualdade de gênero.

de natureza imediata. Analiticamente interpretada pelo CESCR (2009), a discriminação — que consiste no tratamento diferencial, no estabelecimento de restrição ou na exclusão, direta ou indiretamente, baseadas na raça, cor, sexo, língua, religião, opinião política ou outro fator[26] — tem por efeito anular ou prejudicar o reconhecimento, fruição ou exercício de direitos ESC. Alinhado com a literatura contemporânea sobre a igualdade[27], a interpretação do órgão reconhece que a discriminação pode ser formal ou substantiva (CESCR, 2009, par. 08). Verifica-se a discriminação formal quando há previsão expressa de tratamento prejudicial em relação a determinados indivíduos ou grupos sociais nos documentos normativos. Esta é facilmente percebida, pois encontra-se frequentemente no nível lexical. A discriminação substantiva, por outro lado, requer a sensibilidade do intérprete em relação aos efeitos da norma analisada. Neste último caso, os efeitos desfavoráveis sobre determinados grupos ou indivíduo são difusos: documentos normativos à primeira vista neutros afetarão certos grupos desproporcionalmente, em virtude da conjugação da norma com fatores sistêmicos que lhes são aparentemente externos.

Tendo discorrido sobre a hierarquia dos tratados de direitos humanos e decomposto o artigo 2º do PIDESC para evidenciar as obrigações que o dispositivo impõe aos Estados parte, estamos prontos para aplicar o que foi exposto nas seções anteriores a uma reflexão acerca do sistema tributário brasileiro.

3. QUAIS OS LIMITES IMPOSTOS À REFORMA DO SISTEMA TRIBUTÁRIO PELO DEVER DE COERÊNCIA E PELO ARTIGO 2º DO PIDESC?

Não existem respostas unívocas para solucionar os problemas que se pretende resolver com a reforma tributária. O sistema tributário é complexo e os problemas de que padece são problemas perversos[28].

---

26 Como esclarece o item 36 dos Princípios de Limburgo, a lista do artigo 2º, 2 do PIDESC não é exaustiva.

27 Cf. Derzi (1988, 2010, 2014) e Fredman (2011, 2016).

28 Para uma definição de problemas perversos (*wicked problems*), veja-se Rittel e Weber (1973).

Feita esta ressalva, é necessário enfatizar que as respostas possíveis aos problemas (propostas de reforma) encontram limites normativos, os quais delineamos nas seções anteriores. Como mencionado, a relação entre tributação e direitos humanos é uma relação de interdependência (FEITAL, 2019). Se o sistema tributário é, por um lado, indispensável para a realização de direitos humanos, por outro lado, suas reformas podem comprometer decisivamente o gozo destes mesmos direitos, sobretudo por parte de grupos vulneráveis. É a partir desta relação que se constata a relevância do artigo 2º do PIDESC, que pode ser utilizado como uma diretriz para desenhar reformas tributárias compatíveis com as obrigações internacionais de direitos humanos e, mais, reformas tributárias que contribuam para o cumprimento destas obrigações.

Considerando as obrigações atribuídas ao legislador racional (vide seção 2), espera-se que a legislação tributária seja o resultado de um processo de deliberação democraticamente controlável. Tomando a reforma tributária como exemplo, isto implica na necessidade de que as razões que levam à alteração do sistema sejam devidamente apresentadas. Preferencialmente, estas razões devem se fazer acompanhar de argumentos alinhados ao estado da arte da pesquisa no direito e na economia. Não se trata apenas de apresentar os fatos nominalmente, mas de demonstrar como se chegou a tais fatos, a partir de quais inferências a conclusão foi construída, quais estudos embasaram as constatações formuladas etc. Além disso, as alternativas existentes devem ser discutidas publicamente[29], pois problemas complexos — como os problemas do Sistema Tributário Nacional — não possuem solução única e inequívoca.

Toda proposta de reforma deve, por isso, ser acompanhada da reflexão sobre as suas alternativas e acerca da proporcionalidade das soluções projetadas. Em relação ao dever de responsividade, é de se notar que este está positivado no artigo 52, XV da Constituição. O dispositivo que foi agregado à Constituição pela Emenda nº 42/2003 exige que o Senado Federal avalie com periodicidade a *funcionalidade* do Sistema Tributário Nacional. Naturalmente, a avaliação se dá com vistas a indicar a sua correção quando necessário. Aqui encontramos a positivação

---

29 O papel das audiências públicas com o comparecimento de especialistas não vinculados à elaboração da proposta que esteja sendo discutida é essencial.

da obrigação de monitorar os efeitos das leis. Questões fundamentais podem ser suscitadas em relação ao Sistema Tributário Nacional neste aspecto: é adequado à realização dos fins constitucionais? Trata-se de um sistema cujas normas são cumpridas? Seus institutos são aptos a realizar os efeitos a que visa?

O dever de retrospecção compreende a obrigação de rever normas cuja existência não mais se justifica. Seja porque as condições que motivaram a sua criação se alteraram em razão dos efeitos produzidos por elas mesmas ou por fator independente, as normas que não alcancem mais os resultados delas esperados devem ser alteradas. Um exemplo, frequentemente discutido, é a isenção dos lucros e dividendos distribuídos a sócios e acionistas de pessoas jurídicas e a figura dos juros sobre capital próprio instituídas pelos artigos 9° e 10 da Lei n° 9.249/95. A norma é o produto da incorporação de teorias econômicas neoliberais (GOBETTI, 2019), em voga nos anos 90, ao sistema jurídico. Segundo os defensores destas teorias, atenuar a tributação sobre o capital atrairia investimentos ao país. Os dados disponíveis hoje sugerem a inadequação da norma e sua incapacidade de realizar este objetivo, o que levou à revisão de teorias econômicas (GOBETTI, 2019). A reavaliação das teorias que desfrutavam de prestígio na década de 90 recomenda a revisão das leis que foram estabelecidas com fundamento nestas mesmas teorias e ainda hoje estão em vigor. Daí a relevância do debate sobre tributação de lucros e dividendos no contexto da reforma tributária (FAGNANI; ROSSI, 2018). No mesmo sentido, a discussão sobre a necessidade de se adequar a tributação do consumo — no Brasil dividida em cinco tributos diferentes: IPI, PIS, Cofins, ICMS e ISS — aos padrões atuais do IVA, preferencialmente sob a forma de um tributo homogêneo (sem isenções) e com a menor quantidade de alíquotas possível (DE LA FERIA; KREVER, 2013).

O tratamento privilegiado que a renda derivada do capital recebe do Sistema Tributário Nacional em relação à renda advinda do trabalho nos conduz aos critérios do artigo 2° do PIDESC para avaliação da legislação tributária. *Prima facie*, este tratamento diferencial contraria a vedação à discriminação. Especialistas têm demonstrado reiteradamente ao longo dos anos que o Sistema Tributário Nacional é regressivo. Em estudo recente, o governo federal demonstrou que 72,13% das receitas tributárias no Brasil são oriundas de tributos sobre o consumo (BRASIL, 2020a). Segundo a OCDE (2020), o percentual médio de receitas derivadas de tributos regressivos entre os seus membros é de 59,5%, enquanto no Brasil o percentual é de 69,5%. O próprio governo federal reconhece a discrepância entre a estrutura tributária do Brasil e a dos membros da OCDE, ao afirmar que "quando se compara a tributação por base de incidência, observa-se que para a base 'Renda' o Brasil tributa menos que a média dos países da OCDE, enquanto que para a base 'Bens e Serviços', tributa, em média, mais" (BRASIL, 2020a). Isto significa que, apesar de ter uma carga tributária similar a dos membros da OCDE, o Brasil concentra a incidência no consumo. A regressividade "estável, persistente e duradoura" (LAZZARI; LEAL, 2019) do Imposto sobre a Renda torna ainda mais crítico este predomínio de tributos sobre o consumo. O governo federal também já reconheceu a baixa progressividade deste tributo. Estudo recente da Receita Federal demonstrou que em 2018 a alíquota média do Imposto sobre a Renda daqueles que declararam renda superior a 320 salários mínimos foi de 19,6%. Esta alíquota é similar àquela (19%) que onerou os contribuintes que declararam renda entre 20 e 30 salários mínimos e inferior à alíquota incidente sobre rendimentos entre 30 e 40 salários mínimos (20,2%) (BRASIL, 2019). Novamente, o governo federal reconhece a existência do fenômeno. Em estudo realizado em 2017, o Senado— no exercício da mencionada competência de revisão — concluiu que

> [...] quanto maior a renda, menor a carga de tributos indiretos. Embora os tributos diretos no Brasil sejam progressivos, não o são tanto quanto nos demais países. Tal fato, aliado à pesada tributação do consumo de bens e serviços, reforça a regressividade imposta à população pelo sistema. (BRASIL, 2017)

No mesmo sentido, o relatório do Conselho de Desenvolvimento Econômico e Social — órgão consultivo da Presidência da República — o qual concluiu que "[...] o sistema tributário é regressivo e a carga é mal distribuída" (BRASIL, 2011).

O conjunto dos dados aponta para a conclusão de que o STN onera os mais pobres de modo desproporcional — em contradição, ademais, com o princípio da capacidade econômica — o que implica em violação ao dever de não discriminar. A situação é tanto mais grave quando se verifica que raça e gênero (fatores ilícitos de discriminação, nos termos do artigo 2º do PIDESC) atravessam este cenário, razão pela qual a igualdade tributária deverá ser analisada sempre à luz das variáveis de discriminação relevantes[30]. Desproporcionalmente representados no grupo dos mais pobres[31], os negros são mais onerados pela tributação regressiva em relação aos demais contribuintes. Neste quadro, as mulheres negras, a seu turno, "[...] pagam proporcionalmente, em relação aos seus rendimentos, muitos mais tributos do que os homens brancos" (SALVADOR, 2014, p. 26).

Some-se a isto o fato de que um sistema que abre mão de receitas desnecessariamente e onera mais fortemente aqueles que dispõem de *menor* capacidade contributiva é presumidamente um sistema ineficiente. Um sistema tributário eficiente contribuiria para criar um espaço fiscal[32] adequado à realização *progressiva* dos direitos humanos (ELSON; BALAKRISHNAN; HEINTZ, 2013, p. 17). É neste contexto que o princípio da utilização do máximo de recursos disponíveis intervém, permitindo questionar mecanismos de renúncia de receitas[33] em geral e, particularmente, as exonerações de tributos cuja progressividade não atingiu um ponto ótimo — caso do Imposto sobre a Renda — ou de tributos em relação aos quais os efeitos da exoneração não necessariamente repercutem de modo a reduzir a sua regressividade. Este último caso aplica-se, especialmente, à redução das alíquotas do ICMS sobre produtos essenciais[34]. O estabelecimento de alíquotas reduzidas para mercadorias que compõem a cesta básica, ao beneficiar indistintamente ricos e pobres, dado que estes produtos integram uma matriz

---

30 Pode-se recorrer a diversas teorias para fundamentar uma abordagem desta natureza, dentre elas a interseccionalidade. Sobre o conceito, veja-se Collins e Bilge (2016) e Crenshaw (1989; 1991).

31 Em 2018, 32,9% da população preta ou parda vivia com rendimentos de até US$ 5,50 diários. Entre brancos a taxa era de 15,4% (IBGE, 2019).

32 Para o conceito, veja-se Heller (2005, p. 03).

33 Para um panorama das políticas de desoneração tributária praticadas no Brasil entre 1966 e 2016, veja-se Goularti (2018).

34 Não temos condições de aprofundar o debate neste trabalho, mas deve-se sinalizar que a discussão normativa sobre a diferenciação de alíquotas no IPI e no ICMS deve passar *necessariamente* por uma análise sobre o princípio da seletividade que tem força de norma constitucional (artigos 153, § 3º e 155, § 2º, III da Constituição).

básica de consumo comum a todas as famílias, "[...] faz com que os ricos – a parcela da população que mais consome em termos absolutos – se apropriem da maior parte das renúncias fiscais do Estado" (DA SILVA, 2018, p. 541).

Ao lado do dever de utilizar o máximo de recursos existentes coloca-se o princípio da realização progressiva e seu corolário (vedação ao retrocesso). Um sistema tributário regressivo e ineficiente pode ser entendido como um *indício* de descumprimento, senão de ambas as obrigações, ao menos do dever de progressividade pois é pouco provável que um sistema ineficiente consiga mobilizar os recursos necessários para implementar com constância, sucessividade e continuidade os direitos humanos, o que, em todo caso, só se pode determinar mediante leitura holística do orçamento público, considerando tanto as receitas quanto as despesas[35].

Sintetizando o que foi exposto, podemos sugerir três questões que podem contribuir para o debate acerca da reforma tributária a partir de uma abordagem de direitos humanos: (i) *o sistema tributário projetado contribuirá para que o país obtenha o máximo de recursos possível para realizar os direitos humanos?* (ii) *será eficiente, de modo a permitir (ou não embaraçar) a realização progressiva dos direitos humanos?* (iii) *será equitativo, onerando mais aqueles que dispõem de maior capacidade econômica?* Estas perguntas não podem ser respondidas sumária e individualmente. No contexto de um sistema tributário democrático, as respostas devem ser construídas coletivamente à luz da Constituição. Na condição de titulares de direitos que serão afetados pela reforma, devem ser chamados a participar do diálogo, cidadãos vinculados aos mais diversos setores sociais. A participação política é requisito incontornável se se espera que a reforma obtenha a legitimidade social que falta ao Sistema Tributário Nacional.

---

35 Uma análise integral do orçamento brasileiro atual fortaleceria o indício de violação das obrigações de progressividade e vedação ao retrocesso, sobretudo após a aprovação da Emenda Constitucional n.º 95 em 2016. Esta emenda reverteu uma tendência distributiva do orçamento iniciada na década de 90 (PERES; DOS SANTOS, 2019). Vejam-se, também, Alston (2017) e Rossi e Dweck (2016).

CONCLUSÃO

Neste trabalho buscamos demonstrar que a produção legislativa em geral é balizada pela Constituição. Mediante uma leitura contextualizada ao direito brasileiro da Legística contemporânea e de uma abordagem analítica do artigo 2º do PIDESC, delineamos um quadro para avaliação do sistema tributário a partir dos direitos humanos sob a perspectiva do Legislativo. A investigação demonstrou que o dever de responsividade do legislador tributário foi positivado no artigo 52, XV da Constituição. O dispositivo determina ao Senado Federal que avalie periodicamente a *funcionalidade* do Sistema Tributário Nacional. Como orienta a literatura estudada, o dever de avaliar as normas existentes compreende a obrigação de corrigi-las sempre que estas não forem mais aptas a realizar os efeitos que motivaram sua criação. A isenção dos lucros e dividendos distribuídos a sócios e acionistas e os juros sobre capital próprio permitem trabalhar com estes conceitos diretamente no campo tributário, uma vez que (i) é duvidoso que a sua introdução no direito brasileiro — produto de uma ideologia datada — tenha produzido os efeitos esperados (atração de investimentos) e que (ii) as teorias econômicas que embasaram a sua adoção foram revistas e não correspondem mais ao estado da arte no pensamento econômico. Acerca das obrigações previstas no artigo 2º do PIDESC, argumentamos que o dever de não discriminar orienta a construção de um sistema progressivo e permite questionar os impactos discriminatórios da legislação tributária. Ao mesmo tempo, os deveres de obter o máximo de recursos disponíveis e de realizar progressivamente os direitos humanos, vedado o retrocesso, recomendam a correção das ineficiências do sistema. Um sistema tributário compatível com estas obrigações internacionais (ou, o que é o mesmo, um sistema tributário que contribua para o cumprimento das obrigações pactuadas no PIDESC) é aquele que permite o estabelecimento do espaço fiscal adequado à realização do gasto público necessário à realização dos objetivos constitucionais.

REFERÊNCIAS BIBLIOGRÁFICAS

ALSTON, Philip. *Some reflections on Brazil's approach to promoting austerity through a constitutional amendment:* Remarks prepared for a presentation at a colloquium on constitutional austerity, Sao Paulo, 3 October 2017. São Paulo: [s.n.]. Disponível em: <https://www.ohchr.org/Documents/Issues/Poverty/Austeritystatement_Alston3Oct2017.pdf>. Acesso em: 26 mar. 2018.

ALSTON, Philip; REISCH, Nikki (Org.). *Tax, inequality, and human rights.* New York: Oxford University Press, 2019.

BALAKRISHNAN, Radhika *et al. Maximum available resources and human rights.* New Jersey: Center for Women's Global Leadership, 2011.

BALEEIRO, Aliomar. *Limitações constitucionais ao poder de tributar.* Rio de Janeiro: Forense, 2010.

BICKENBACH, Christian. Legislative Margins of Appreciation as the Result of Rational Lawmaking. In: MESSERSCHMIDT, Klaus; OLIVER-LALANA, A. Daniel (Org.). *Rational lawmaking under review:* legisprudence according to the German Federal Constitutional Court. Cham: Springer, 2016.

BOBBIO, Norberto. *Teoria geral do direito.* São Paulo: Martins Fontes, 2010.

BRASIL. Decreto n° 591, de 6 de julho de 1992.

BRASIL. *Indicadores de Iniquidade do Sistema Tributário Nacional:* Relatório de Observação n° 2. Brasília: Presidência da República. Conselho de Desenvolvimento Econômico e Social, 2011.

BRASIL. *Ministério da Economia. Carga Tributária no Brasil 2018:* Análise por tributos e base de incidência. Brasília: Receita Federal do Brasil, 2020a.

BRASIL. *Ministério da Economia. Grandes números IRPF:* Ano-calendário 2017, exercício 2018. Brasília: Receita Federal do Brasil, 2019.

BRASIL. *Portal da Transparência. Receitas Públicas.* [S.l: s.n.], 2020b.

BRASIL. *Relatório do grupo de trabalho destinado a avaliar a funcionalidade do sistema tributário nacional.* Brasília: Senado Federal, 2017.

CANÇADO TRINDADE, Antônio Augusto. A interação entre o direito internacional e o direito interno na proteção dos direitos humanos. *Arquivos do Ministério da Justiça,* v. 46, n. 182, 1993.

CANOTILHO, J. J. Gomes. *Constituição dirigente e vinculação do legislador:* contributo para a compreensão das normas constitucionais programáticas. 2 ed ed. Coimbra: Coimbra Ed., 2001.

CANOTILHO, J. J. Gomes. *Direito constitucional e teoria da constituição.* 7 ed ed. Coimbra: Almedina, 2003.

CARMONA, Magdalena Sepúlveda. Alternatives to austerity: a human rights framework for economic recovery. In: NOLAN, Aoife (Org.). *Economic and Social Rights after the Global Financial Crisis.* Cambridge: Cambridge University Press, 2014.

CARMONA, Magdalena Sepúlveda. *Nature of the Obligations Under the International Covenant on Economic, Social and Cultural Rights*. Cambridge: Intersentia, 2003.

CASAGRANDE, Cássio. Brasil, "Campeão de ações trabalhistas": como se constrói uma falácia. *Jota*, São Paulo, 2017. Disponível em: <https://www.jota.info/opiniao-e-analise/artigos/brasil-campeao-de-acoes-trabalhistas-25062017>. Acesso em: 10 jan. 2021.

CESCR. *Concluding Observations United Kingdom (E/C.12/GBR/CO/6)*. Geneva: ONU, 2016.

CESCR. *General Comment No. 3:* The Nature of States Parties' Obligations (Art. 2, Para. 1, of the Covenant). Geneva: ONU, 1990.

CESCR. *General Comment No. 14:* The right to the highest attainable standard of health (Art. 12) (E/C.12/2000/4). Geneva: ONU, 2000.

CESCR. *General Comment No. 15:* The Right to Water (Arts. 11 and 12 of the Covenant) (E/C.12/2002/11). Geneva: ONU, 2003.

CESCR. *General Comment No. 17:* The right of everyone to benefit from the protection of the moral and material interests resulting from any scientific, literary or artistic production of which he or she is the author (article 15, paragraph 1 (c), of the Covenant) (E/C.12/GC/1712). Geneva: ONU, 2005.

CESCR. *General Comment No. 19:* The right to social security (art. 9) (E/C.12/GC/19). Geneva: ONU, 2008.

CESCR. *General comment No. 20:* Non-discrimination in economic, social and cultural rights (art. 2, para. 2, of the International Covenant on Economic, Social and Cultural Rights). Geneva: ONU, 2009.

COLLINS, Patricia Hill; BILGE, Sirma. *Intersectionality*. Cambridge: Polity Press, 2016.

CRENSHAW, Kimberle. Demarginalizing the Intersection of Race and Sex: A Black Feminist Critique of Antidiscrimination Doctrine, Feminist Theory and Antiracist Politics. *University of Chicago Legal Forum*, n. 1, p. 139–167, 1989.

CRENSHAW, Kimberle. Mapping the Margins: Intersectionality, Identity Politics, and Violence Against Women of Color. *Stanford Law Review*, v. 43, n. 6, p. 1241–99, 1991.

DA SILVA, Giovanni Padilha. Personalização do IVA para o Brasil: harmonizando os objetivos de eficiência e equidade. In: ANFIP (Org.). *A reforma tributária necessária:* diagnósticos e premissas. São Paulo: Plataforma Política Social, 2018.

DE LA FERIA, Rita; KREVER, Richard. Ending VAT Exemptions: towards a post-modern VAT. *VAT Exemptions:* Consequences and Design Alternatives. Alphen aan den Rijn: Wolters Kluwer, 2013.

DERZI, Misabel de Abreu Machado. Guerra fiscal, Bolsa Família e silêncio (Relações, efeitos e regressividade). *Revista Jurídica da Presidência*, v. 16, n. 108, p. 39–64, 2014.

DERZI, Misabel de Abreu Machado. Igualdade e democracia constitucional brasileira. In: BALEEIRO, Aliomar. *Limitações constitucionais ao poder de tributar*. Rio de Janeiro: Forense, 2010.

DERZI, Misabel de Abreu Machado. O contribuinte em um Estado Democrático de direito. *Revista Brasileira de Estudos Políticos*, n. 67/67, p. 133–179, 1988.

DWORKIN, Ronald. *Law's empire*. Cambridge: Belknap Press, 1986.

ELSON, Diane; BALAKRISHNAN, Radhika; HEINTZ, James. Public Finance, Maximum Available Resources and Human Rights. In: NOLAN, Aoife; O'CONNEL, Rory; HARVEY, Collin (Org.). *Human Rights and Public Finance:* Budgets and the Promotion of Economic and Social Rights. Oxford: Hart Publishing, 2013.

FAGNANI, Eduardo; ROSSI, Pedro. Desenvolvimento, desigualdade e reforma tributária no Brasil. In: ANFIP (Org.). *A reforma tributária necessária:* diagnósticos e premissas. São Paulo: Plataforma Política Social, 2018.

FEITAL, Thiago Álvares. A dependência entre os direitos humanos e o Direito Tributário. *Revista de Informação Legislativa*, v. 56, n. 224, p. 37–58, 2019.

FEITAL, Thiago Álvares. *Subjetividade e direito tributário:* teorias da equidade na tributação e o sujeito do direito tributário. Rio de Janeiro: Lumen Juris, 2018.

FREDMAN, Sandra. *Discrimination Law*. Oxford: Oxford University Press, 2011.

FREDMAN, Sandra. Substantive equality revisited. *International Journal of Constitutional Law*, v. 14, n. 3, p. 712–738, jul. 2016.

GALLO, Franco. *Le ragioni del fisco:* Etica e giustizia nella tassazione. Bologna: Il Mulino, 2007.

GOBETTI, Sérgio Wulff. Tributação do capital: teoria e prática (e o caso brasileiro). *Economia e Sociedade*, v. 28, n. 3, p. 761–789, 2019.

GOULARTI, Juliano Giassi. A trajetória da política fiscal de desoneração tributária no Brasil (1966-2016). In: ANFIP (Org.). *A reforma tributária necessária:* diagnósticos e premissas. São Paulo: Plataforma Política Social, 2018.

HELLER, Peter S. Understanding Fiscal Space: IMF Policy Discussion Paper (PDP/05/04), 2005.

HESSE, Konrad. *A força normativa da Constituição*. Tradução Gilmar Mendes. Porto Alegre: Sergio Antonio Fabris, 1991.

HOLMES, Stephen; SUNSTEIN, Cass. *The Cost of Rights:* Why Liberty Depends on Taxes. New York: W.W. Norton & Company, 1999.

IBGE. *Desigualdades sociais por cor ou raça no Brasil*. Brasília: [s.n.], 2019.

INTERNATIONAL BAR ASSOCIATION. *The Obligation to Mobilise Resources:* Bridging Human Rights, Sustainable Development Goals, and Economic and Fiscal Policies. London: International Bar Association's Human Rights Institute, 2017.

JOUANJAN, Olivier. Présentation du traducteur. In: MÜLLER, Friedrich. *Discours de la méthode juridique*. Paris: PUF, 1996.

KELSEN, Hans. A garantia jurisdicional da Constituição (Exposições e debates na sessão de outubro de 1928 do Instituto Internacional de Direito Público). In: KELSEN, Hans. *Jurisdição constitucional*. São Paulo: Martins Fontes, 2013a.

KELSEN, Hans. O controle judicial da constitucionalidade (um estudo comparado das constituições austríaca e americana). In: KELSEN, Hans. *Jurisdição constitucional*. São Paulo: Martins Fontes, 2013b.

KELSEN, Hans. Quem deve ser o guardião da Constituição? In: KELSEN, Hans. *Jurisdição constitucional*. São Paulo: Martins Fontes, 2013c.

LAZZARI, Eduardo Alves; LEAL, Jefferson Lécio. A política tributária brasileira sob o olhar da desigualdade: regressividade estável, persistente e duradoura. In: ARRETCHE, MARTA; MARQUES, Eduardo; DE FARIA, Carlos Aurélio Pimenta (Org.). *As políticas da política:* desigualdades e inclusão nos governos do PSDB e do PT. São Paulo: Editora Unesp, 2019.

MENDES, Gilmar Ferreira. Controle de constitucionalidade. In: MENDES, Gilmar Ferreira; BRANCO, Paulo Gustavo Gonet. *Curso de direito constitucional*. 6. ed. São Paulo: Saraiva, 2011.

MENDES, Gilmar Ferreira. Controle de Constitucionalidade: Hermenêutica Constitucional e Revisão de Fatos e Prognoses Legislativos pelo órgão judicial. *Revista Jurídica da Presidência*, v. 1, n. 8, p. 1–11, 2000.

MORAND, Charles-Albert. Les exigences de la méthode législative et du droit constitutionnel portant sur la formation de la législation. *Droit et société*, v. 10, p. 391–407, 1988.

MÜLLER, Friedrich. *Discours de la méthode juridique*. Paris: PUF, 1996.

MÜLLER, Friedrich. *Fallanalysen zur juristischen Methodik*. 2. ed. Berlin: Duncker & Humblot, 1989.

MÜLLER, Friedrich. *Normstruktur und Normativität:* Zum Verhältnis von Recht und Wirklichkeit in der juristischen Hermeneutik, entwickelt an Fragen der Verfassungeinterpretation. Berlin: Duncker & Humblot, 1966.

NOLAN, Aoife; BOHOSLAVSKY, Juan Pablo. Human rights and economic policy reforms. *The International Journal of Human Rights*, v. 24, n. 9, p. 1247–1267, 2020.

NOLAN, Aoife; LUSIANI, Nicholas J.; COURTIS, Christian. Two Steps Forward, no Steps Back? Evolving Criteria on the Prohibition of Retrogression in Economic and Social Rights. In: NOLAN, AOIFE (Org.). *Economic and Social Rights after the Global Financial Crisis*. Cambridge: Cambridge University Press, 2014.

OECD. *Revenue Statistics*. 2020.

OLIVER-LALANA, A. Daniel. Due Post-legislative Process? On the Lawmakers' Constitutional Duties of Monitoring and Revision. In: MESSERSCHMIDT, Klaus; OLIVER-LALANA, A. Daniel (Org.). *Rational lawmaking under review:* Legisprudence according to the German Federal Constitutional Court. Cham: Springer, 2016.

OLIVER-LALANA, A. Daniel; MESSERSCHMIDT, Klaus. On the "Legisprudential Turn" in Constitutional Review: An Introduction. In: MESSERSCHMIDT, Klaus; OLIVER-LALANA, A. Daniel (Org.). *Rational lawmaking under review*: Legisprudence according to the German Federal Constitutional Court. Cham: Springer, 2016.

PELLET, Alain. Responsibility of States in Cases of Human-rights or Humanitarian-law violations. In: CRAWFORD, James *et al.* (Org.). *The International Legal Order*: Current Needs and Possible Responses. Leiden: Brill–Nijhoff, 2017.

PERES, Ursula Dias; DOS SANTOS, Fábio Pereira. Orçamento federal: avanços e contradições na redução da desigualdade social (1995-2016). In: ARRETCHE, Marta; MARQUES, Eduardo; DE FARIA, Carlos Aurélio Pimenta (Org.). *As políticas da política*: desigualdades e inclusão nos governos do PSDB e do PT. São Paulo: Editora Unesp, 2019.

PIOVESAN, Flávia. *Direitos humanos e o direito constitucional internacional*. São Paulo: Saraiva, 2015.

RITTEL, Horst W.J.; WEBBER, Melvin M. Dilemmas in a General Theory of Planning. *Policy Sciences*, v. 4, n. 2, p. 155–169, 1973.

ROSSI, Pedro; DWECK, Esther. Impactos do novo regime fiscal na saúde e educação. *Cadernos de Saúde Pública*, v. 32, n. 12, 2016.

SALVADOR, Evilasio. *As implicações do Sistema Tributário Brasileiro nas Desigualdades de Renda*. Brasilia: Instituto de Estudos Socioeconômicos, 2014.

UN COMISSION ON HUMAN RIGHTS. Note verbale dated 5 December 1986 from the Permanent Mission of the Netherlands to the United Nations Office at Geneva addressed to the Centre for Human Rights ("Limburg Principles"). 1987.

WIMMER, Rainer; CHRISTENSEN, Ralph. Praktisch-semantische Probleme zwischen Linguistik und Rechtstheorie. In: MÜLLER, Friedrich (Org.). *Untersuchungen zur Rechtslinguistik*: Interdisziplinäre Studien zu praktischer Semantik und Strukturierender Rechtslehre in Grundfragen der juristischen Methodik. Berlin: Duncker & Humblot, 1989.

WINTGENS, Luc J. Legislation as an Object of Study of Legal Theory: Legisprudence. In: WINTGENS, Luc J (Org.). *Legisprudence*: A new theoretical approach to legislation. Oxford: Hart, 2002.

WINTGENS, Luc J. *Legisprudence*: Practical Reason in Legislation. Farnham: Ashgate, 2012.

WINTGENS, Luc J. The Rational Legislator Revisited. Bounded Rationality and Legisprudence. In: WINTGENS, Luc J; OLIVER-LALANA, A. Daniel (Org.). *The Rationality and Justification of Legislation*: Essays in Legisprudence. London: Springer, 2013.

QUILOMBISMO TRIBUTÁRIO: O INCENTIVO À SEGURANÇA ALIMENTAR ATRAVÉS DE UMA POLÍTICA TRIBUTÁRIA DE DIREITOS HUMANOS

Marcelo Bloizi Iglesias[1]
Arthur Tadeu Argôlo de Oliveira[2]

SUMÁRIO: Introdução ||| 1. Quilombismo como categoria jurídico-filosófica africana diaspórica ||| 1.1. Uma nova interpretação ao direito tributário pelo quilombismo ||| 2. Segurança alimentar como direito humano e o seu estímulo pela tributação ||| Considerações finais ||| Referências bibliográficas

Resumo: O trabalho apresentado pretende analisar o quilombismo como categoria jurídico-filosófica passível de aplicação no âmbito do direito tributário brasileiro para garantir o direito humano a uma alimentação adequada e saudável. A abertura do sistema jurídico constitucional através da positivação de valores sociais permite que tais normas sejam historicizadas para que o seu preenchimento seja feito com os valores do comunitarismo africano da *ujamaa*. A pesquisa transita do quilombismo pela ótica de Abdias do Nascimento como vetor de uma política tributária sobre impostos territoriais que estimulem uma percepção qualitativa do cumprimento da função social da propriedade tanto no espaço rural como no urbano com o foco na segurança alimentar. A pesquisa propos-

---

1 Mestre em Direito com ênfase em direito tributário pelo Programa de Pós-graduação em Direito da Universidade Federal da Bahia (UFBA), Especialista em Direito Tributário pela Universidade do Estado da Bahia (UNEB), Bacharel em Direito pela Universidade Salvador (UNIFACS) e Bacharel em História pela UFBA.

2 Pós-graduando em direito tributário pelo Instituto Damásio Educacional. Bacharel em Direito pela Faculdade regional de Alagoinhas (UNIRB)

ta, na vertente jurídico-sociológica, é teórica e pretende demonstrar que o conhecimento de comunidades tradicionais – decolonial - pode ser aplicado no Brasil sem a replicação do direito colonizador.

Palavras-chave: Direito humano à segurança alimentar; Imposto territorial; Quilombismo

Resumen: El trabajo presentado pretende analizar el quilombismo como una categoría jurídico-filosófica que se puede aplicar en el ámbito de la ley tributaria brasileña para garantizar el derecho humano a una alimentación adecuada y saludable. La apertura del ordenamiento jurídico constitucional a través de la afirmación de valores sociales permite historizar tales normas para que su cumplimiento se haga con los valores del comunitarismo africano de los *Ujamaa*. La investigación se mueve desde el quilombismo a través de la perspectiva de Abdias do Nascimento como vector de una política tributaria sobre impuestos territoriales que estimule una percepción cualitativa del cumplimiento de la función social de la propiedad tanto en áreas rurales como urbanas con foco en la seguridad alimentaria. La investigación propuesta, en el aspecto jurídico-sociológico, es teórica y pretende demostrar que el conocimiento de las comunidades tradicionales - descoloniales - puede ser aplicado en Brasil sin la replicación de la ley colonizadora.

Palabra-clave: derecho humano a la seguridad alimentaria; Impuesto territorial; Quilombismo

INTRODUÇÃO

O quilombismo é uma forma de organização social, política e econômica trazida na obra de Abdias do Nascimento que tem origem na África continental e difusão na África diaspórica, principalmente no que consideramos por América Latina. O quilombismo, que não deve ficar restrito aos povos africanos, propõe um modelo de sociedade descentralizada, com ênfase na propriedade coletiva, com respeito aos povos africanos e indígenas através de um paradigma não europeu com valores como a defesa do meio-ambiente, distribuição de renda equânime, moradia, saúde e educação, aos quais acrescentamos a defesa do bem comum.

O desenvolvimento de hortas urbanas e a garantia de um ambiente ecologicamente equilibrado podem ser incentivados através de políticas fiscais que garantam a concretização de direitos humanos à população mais pobre nas cidades, como, por exemplo, a segurança alimentar. Diferente do que a maioria dos doutrinadores propõe no sentido da adoção do IPTU-verde, que concede descontos tímidos aos contribuintes e tende a favorecer uma parcela da população que não é socialmente vulnerável, esta pesquisa orienta a adoção do ITR no espaço urbano de acordo com a finalidade para a qual o imóvel é utilizado como exercício da competência tributária como direito fundamental do contribuinte.

Esta política financeira e tributária, acompanhada de outras medidas urbanísticas, poderia induzir de forma mais agressiva o comportamento dos contribuintes em dar utilidade a áreas na urbe com a pequena produção de horti-fruti, cuja área passaria a sofrer uma tributação menos gravosa que a do IPTU (verde) e os elementos do quilombismo estariam sendo disseminados. Diante da colocação do tema, a pesquisa buscará responder o seguinte problema: É possível estimular a segurança alimentar por meio da tributação? A pesquisa tem como objetivo principal identificar em quais condições o ITR pode ser adotado no espaço urbano para garantir a segurança alimentar urbana.

Os objetivos específicos são: a) apresentar a concepção de quilombismo em Abdias do Nascimento e sua aplicação no direito tributário; b) demonstrar que no sistema constitucional tributário existe um espaço de aplicação do pensamento quilombista na interpretação jurídica de princípios; c) apresentar a segurança alimentar como direito humano passível de estímulo por meio de uma política tributária.

A linha de pesquisa adotada será a crítico-metodológica, uma vez que a realidade posta será desafiada com a indicação de suas fragilidades e com a indicação de uma proposta de política tributária para a concretização do direito humano à segurança alimentar. A pesquisa terá uma revisão bibliográfica acerca do quilombismo e dos impostos territoriais do sistema tributário brasileiro quanto ao objetivo "a". A pesquisa adota a vertente metodológica jurídico-sociológica para compreender o sistema constitucional tributário brasileiro que positivou valores sociais que devem estar coadunados com a política agrícola prevista constitucionalmente com vistas a garantir a segurança alimentar como direito humano no que toca aos objetivos "b" e "c".

Este trabalho tem como finalidade mediata o início de um questionamento das bases do conhecimento tido como científico – se o direito for compreendido como ciência – ou do direito hegemônico. Consequência disto pode ser o questionamento do seu extrato como conteúdo científico dentro do paradigma tradicional de conhecimento a ponto de quererem invalidá-lo como artigo, podendo ser tratado também como um ensaio. Esta antecipação de eventuais críticas só reforça a tese que se advoga nesta produção, a de que o conhecimento marginal, vítima do epistemicídio, precisa superar o preconceito dos ambientes acadêmicos para aceitar formas de conhecimento que não tiveram origem nos centros tradicionais de formação do conhecimento, principalmente a Europa.

1. QUILOMBISMO COMO CATEGORIA JURÍDICO-FILOSÓFICA AFRICANA DIASPÓRICA

A recente pluralidade do público docente e discente das universidades tem possibilitado novas visões, até então ignoradas total ou parcialmente, nestes espaços de formação do conhecimento. O acesso de negros, quilombolas e indígenas nas universidades proporcionou a ampliação da experiência humana em relação ao conhecimento. Por isso, não será utilizado um paradigma gadameriano na hermenêutica histórica e jurídica (GADAMER, 1997), pois, por mais convergentes que sejam, o pensamento decolonial indígena do povo Krenak será o fio condutor da análise do objeto de estudo.

Considerando que a finalidade do artigo é trazer à tona a amplidão do paradigma científico pautado no conhecimento de comunidades tradicionais que podem contribuir para novas soluções quanto à segurança alimentar no Brasil, é que se adotará nesta pesquisa a noção de "suspender o céu para cima", segundo o antropólogo Ailton Krenak:

> Cantar, dançar e viver a experiência mágica de suspender o céu é comum em muitas tradições. Suspender o céu é ampliar o nosso horizonte, não o horizonte prospectivo, mas um existencial. É enriquecer as nossas subjetividades, que é a matéria que este tempo que nós vivemos quer consumir.

> Se existe uma ânsia por consumir a natureza, existe também uma por consumir subjetividades – as nossas subjetividades. (KRENAK, 2020, p. 32)

A busca por novos pilares na reconstrução de uma sociedade mais justa, digna e solidária passa por revisitar a própria experiência brasileira, formada por africanos diaspóricos e povos da floresta, grupos estes que representaram a maior parcela da população brasileira em grande parte da história deste país. A forma de organização social destes grupos passa pela existência de um conjunto de normas que garantem uma vida em equilíbrio com a natureza graças à integração entre eles: humanos e não humanos. Para guardar fidedignidade à ideia de quilombismo de Abdias do Nascimento é que se extrai do trecho abaixo:

> O quilombismo propõe, em síntese, um socialismo democrático e descentralizado, com ênfase na propriedade coletiva da terra, nas realidades pluriculturais e multiétnicas das sociedades americanas, e nas necessidades de respeito à pessoa dos descendentes de africanos e dos povos indígenas, bem como de reconstrução das histórias e dos valores culturais não-europeus. Essa reformulação de valores implica uma posição articulada de defesa do meio-ambiente, defendendo a harmonia com a natureza, e um conceito crítico de desenvolvimento focalizando principalmente a distribuição mais justa da renda com acesso a emprego, moradia, serviços de saúde, educação e ensino não eurocentrista para todos. Acreditamos que tal filosofia seja conveniente, evidentemente com variações em circunstâncias específicas, para os países da região [América Central e do Sul] em geral. Enfatizamos que tal proposta não se dirige apenas às comunidades de descendentes de africanos, mas aos países como um todo. Trata-se de uma forma de administração e organização nacional que leva em conta as necessidades de populações específicas em um contexto multirracial. (2002, p. 400 e 401)

Firmado o ponto de partida de que a proposta trazida nesta pesquisa busca demonstrar uma crise no paradigma (KUHN, p. 145, 2013) da tributação e a necessidade de reinvenção deste modelo de manutenção do Estado por meio da redistribuição da riqueza, o que se coaduna com os novos valores sociais. O quilombismo é uma proposta de resgate de um conhecimento tradicional vítima do epistemicídio[3] (CAR-

---

3 O epistemicídio narrado por Sueli Carneiro, em apertada síntese, é o aniquilamento do conhecimento produzido pelos africanos - continentais ou diaspóricos – no campo científico. Como a ciência é um discurso que exige uma série de pré-requisitos impostos pelo colonizador, inserir o conhecimento em uma "prateleira" inferior ao denominado como ciência, produzido por intelectuais negros, indíge-

NEIRO, 2005, p. 93 e ss) acadêmico e científico branco, europeu, ocidental, que sempre ditou o que seria o conhecimento válido e refutou outras formas de conhecimento dos povos subjugados, colocando-os em um degrau inferior ao não ser chancelado como científico e, mais grave ainda, devendo ser aniquilado em um julgamento por ordálio. As epistemologias do Sul surgem como alternativas às questões "das quais a modernidade não foi apta a lidar, trocando aquele conhecimento científico e conservador por um senso comum, novo e decolonial"[4] (PAROLA, COSTA, 2018, p. 14).

Como a Igreja Católica era que tinha o monopólio do conhecimento durante a invasão ao Novo Mundo, assim como foi ela que justificou a diáspora africana através de bula papal, documento com validade jurídica, tem-se que razões não científicas, mas divinas, justificavam a opressão a outras formas de vida que, supostamente, não tinham capacidade de produzir conhecimentos válidos. Por mais contraditório que pareça, foram julgamentos com base em provas divinas que não possibilitaram o aprendizado de tecnologias avançadas criadas por africanos e indígenas, a exemplo das construções das pirâmides no Egito e no atual México.

A chancela de conhecimento válido passava pelos interesses políticos, econômicos e sociais da Igreja Católica. Sendo assim, a definição do que é científico, ou não, também é político e são atestados historicamente quanto aos métodos de comprovação aceitos ou não, por esse motivo os anarquistas do método como Paul Feyerabend (2011) são bem-vindos para que se empurre o céu para cima e seja possível "respirar" novos ares a partir de conhecimentos tradicionais que podem passar a ser academicamente aceitos, como no caso do quilombismo.

O pensamento decolonial afrodiaspórico[5] se encaixa nesse movimento de ruptura com paradigmas tradicionais do pensamento cien-

---

nas, quilombolas através de metodologias próprias, é uma forma de silenciamento do conhecimento produzido.

4 Epistemologias indígenas foram consagradas nas constituições da Bolívia e Equador, que cingem com o modelo ocidental, ao incorporarem saberes/valores/ princípios que protegem a *Pachamama*, como o *Sumak Kawsay* e o *Suma Qamaña* (PAROLA e COSTA; 2018, p. 16)

5 É o enfrentamento contra hegemônico de um modelo de pensamento social, econômico, político, jurídico e cultural. Em uma perspectiva historiográfica crítica,

tífico, que parte de um modelo impositivo do colonizador que tem como premissa básica o fato de que só ele pode produzir um discurso racional e válido para ser chamado de ciência, afinal o "racismo também será um princípio organizador daqueles que podem formular um conhecimento científico legítimo e daqueles que não podem" (BERNARDINO-COSTA; MALDONADO-TORRES; GROSFOGUEL; 2019, p. 11). O pensamento do homem europeu como centro do pensamento científico é fruto de séculos de domínio, exploração, escravização e desumanização dos indígenas e africanos (Ibidem, p. 12), logo[6], a negação do outro (FANON, 2008).

Além disso, nota-se que o conceito de categoria jurídica não é pacífico na doutrina da teoria geral do direito e da filosofia do direito. Por isso, nesta pesquisa optou-se por adotar o posicionamento de um intelectual negro para justificar o quilombismo como uma categoria jurídica. Neste sentido, Edvaldo Brito trata de definir a partir da compilação da ideia de diversos autores:

> Deve-se, contudo, reunir os elementos fornecidos por essas doutrinas e tentar uma definição de *categoria*, qual seja, a de um *conceito* cristalizado pela experiência, formado por predicados costumeiramente identificados em determinado gênero, podendo servir, por isso, de elemento para compor outros *conceitos*.
> Neste sentido, aceite-se o entendimento de RADBRUCH de que a Ciência do Direito na dupla elaboração, que lhe incumbe, do seu objeto, cumpre uma delas, a categorial, quando opera com o objetivo de apresentar o Direito justamente como uma realização do conceito Direito e das categorias jurídicas nela contidas. (BRITO, 2001, p. 56 e 57)

O autor prossegue em suas explicações ao afirmar que a diferença entre categorização e conceito as relaciona, decerto que "quando se operam definições que generalizam o conceito a tão máxima extensão que se eliminam dele os caracteres que o identificam somente a um tipo específico e o assemelham, equivocadamente, a outros tipos

---

o passado colonial não deve ser visto apenas como um traço no passado da história dos povos subjugados, mas sim pela ótica da longa duração, em que esta colonização continua viva. O tempo histórico-cronológico busca esconder conflitos que ainda existem nos campos mencionados acima, mas que não são mais aceitos pelos ativistas/pesquisadores do giro decolonial (MALDONADO-TORRES; 2019, p. 28).

6 A utilização do "logo" é provocativa à perspectiva cartesiana de conhecimento a partir do homem europeu que pensa e existe, cuja consequência lógica é a negação do outro.

jurídicos" (BRITO, 2001, p. 59). Isto posto, tem-se na categoria uma amplidão em que conceitos podem estar inseridos.

Ainda quanto ao conceito no direito, Orlando Gomes leciona que se trata de uma "abstração esquematizada para simplificar, que permite, pelo processo de generalização, as construções ou teoria" (GOMES, 2016, p. 9). No mesmo sentido, o professor da Faculdade Direito da Universidade Federal da Bahia leciona que as "categorias são os quadros em que se agrupam, por afinidade, os elementos da vida jurídica. Os principais elementos são: o sujeito, o objeto e o fato jurídico. Correspondem-lhes categorias particulares, que possibilitam as classificações" (*Ibidem*, p. 10)

Assim, temos a categoria jurídica do quilombismo como uma tentativa de cristalizar experiências subjetivas coletivas não hegemônicas de grupos minoritários já apontados acima, sob a perspectiva da *ujamaa*[7], ou do comunitarismo africano, experimentado na Tanzânia sob a liderança de Julius Nyerere. Reitere-se que o quilombismo é uma forma de organização social, política e econômica trazida na obra de Abdias do Nascimento (NASCIMENTO, 2002, p.400) que tem origem na África continental e difusão na África diaspórica, principalmente no que consideramos por América Latina[8].

Do termo quilombismo é plausível presumir que este é um modelo de sociedade voltado somente às comunidades quilombolas, todavia, não é o que o assevera Abdias do Nascimento ao lecionar o caráter integracionista deste modelo. Vale ressaltar que a própria história do Brasil revela que os Quilombos mais famosos tinham como sua característica a integração de diversos grupos nessas sociedades (NASCIMENTO, 2002, p. 70 e ss). Ainda segundo Abdias do Nascimento,

---

7 O presidente Nyerere diz que Ujamaa "descreve nosso socialismo. Ele se opõe ao capitalismo, o qual procura edificar uma sociedade feliz baseado na exploração do homem pelo homem; ele igualmente se opõe ao socialismo doutrinário que procura edificar uma sociedade feliz baseado na filosofia do inevitável conflito entre o homem e o homem" (NASCIMENTO, 2002, p. 67)

8 A negação do termo América Latina neste trabalho está concatenada com o pensamento de Abdias do Nascimento na obra Quilombismo, pois reconhecer a unidade política dos povos desta região pela língua do colonizador seria contraditório. Reconhecer a região como África diaspórica é uma posição política-intelectual adotada neste trabalho.

o quilombismo não fica restrito aos povos africanos, ele propõe um modelo de sociedade descentralizada, com ênfase na propriedade coletiva, com respeito aos povos africanos e indígenas e através de um paradigma não europeu, com valores como a defesa do meio-ambiente, distribuição de renda equânime, moradia, saúde e educação. A estas características pode-se acrescentar a defesa do bem comum (HASSEN, 2018, p. 62 e 63), em consonância com o novo constitucionalismo latino americano[9], para a integração entre os humanos e o meio ambiente para o seu aproveitamento racional, inclusive no que atine à garantia da segurança alimentar.

Como predicado próprio das categorias jurídicas, precisamos pensar em espaços rurais e urbanos integrados, sob a batuta do modelo quilombista. Do mesmo modo, é imprescindível pensar uma política econômica alicerçada em premissas quilombistas e, nesta toada, pensar uma política fiscal que estimule o desenvolvimento da sociedade de modo mais justo e igualitário, mais voltado para o coletivo.

A política financeira, no magistério de Edvaldo Brito (2016, p. 65), se divide em política fiscal e política tributária que não se confundem com direito tributário. A política fica no campo dos atos de gestão da administração pública e busca concretizar o plano desenvolvimentista que dirige a Ordem Econômica na Constituição Federal de 1988 (BRITO, 2016, p. 66 e 67), afinal, o Estado não pode deixar a economia ser guiada por princípios e valores sociais que resguardam direitos individuais.

O direito tributário é parte especialíssima do direito financeiro que "regra as relações jurídicas pertinentes aos tributos" (BRITO, 2016, p. 67), e não se confunde com a política tributária que "reflete a utilização dos tributos como meios de estimular atividades úteis ao bem-estar e ao desenvolvimento comunitário ou de desencorajar aquelas nocivas" (BRITO, 2016, p. 68). Uma política financeira em que a política tributária tenha como objetivo o estímulo aos valores pregados pelo quilombismo implicarão em um tratamento diferenciado a determinados grupos de contribuintes com o intento de construir uma relação jurídica tributária entre Estado e contribuinte profícua para todos.

---

9 Diversos autores tratam do tema que se desenvolveu com maior ênfase no alvorecer do Século XXI com as constituições nacionais da Bolívia, Equador.

1.1. UMA NOVA INTERPRETAÇÃO AO DIREITO TRIBUTÁRIO PELO QUILOMBISMO

Ao partir da premissa de que o quilombismo é uma categoria jurídico-filosófica, caberão conceitos jurídicos dentro dela com o escopo mais cerrado, bem como a releitura de princípios jurídicos que refletirão valores sociais devidamente historicizados para que o direito tributário ofereça respostas congruentes com a realidade constitucional brasileira. O direito tributário tem o vértice do seu sistema no texto constitucional com um conjunto considerável de normas entre os artigos 145 e 162, denominado de Sistema Tributário Nacional, além dos princípios constitucionais espalhados ao longo do texto que podem se constituir como direitos fundamentais do contribuinte, conforme o entendimento da Suprema Corte no julgamento da ADI 9339/DF.

Como o direito tributário é um direito relativamente novo, por isso classificado de direito de sobreposição, ele é observado em diversas partes do texto constitucional, transbordando os artigos do Sistema Tributário Nacional, vide os artigos 1º ao 4º, além dos direitos fundamentais do art. 5º e os sociais do art. 6º, todos os artigos atinentes à ordem econômica onde estão os títulos da política urbana, agrícola e fundiária, assim como do art. 43 que trata do desenvolvimento regional.

O sistema tributário brasileiro está permeado de valores e estruturado sobre bases liberais de um pensamento jurídico colonial. Neste sentido, tenta-se interpretar o direito tributário através do quilombismo em um esforço decolonial em que tem como premissa o reconhecimento de que há um modelo colonial e que a desconstrução - ou tentativa de ruptura - passa pelo uso de alguns dos conceitos deste direito liberal, sem que isso configure uma contradição no discurso. Tal estratégia é imprescindível para a absorção de valores ingênitos ao quilombismo, decerto que o modelo de sistema jurídico brasileiro que normatizou valores trouxe os princípios como normas que proporcionam a abertura do sistema (CANARIS, 1996). A potencialidade dessas normas captarem a realidade, ou como se define em teoria da história serem historicizadas em seu conteúdo (CERTEAU, 2011), para que o texto positivado não precise ser modificado e a sua interpretação acerca dessas normas/valor variam de acordo com o tempo e espaço.

Com base nisto, o caminho para uma interpretação quilombista do direito tributário decorre do palimpsesto, para a reescrita com o devido redimensionamento, de alguns princípios deste ramo do direito sob o prisma dos direitos humanos de terceira dimensão vinculados ao direito agrário. Este redimensionamento somado às bases da *ujamaa* ou comunitarismo africano constitui o protagonismo de novas formas de viver e dos conhecimentos tradicionais os quais foi negado o status de conhecimento científico. Os impostos territoriais do sistema tributário brasileiro foram concebidos na Constituição Federal como tributos extrafiscais. A extrafiscalidade (BONFIM, 2015, P. 99) é uma opção de tributação que transcende a finalidade de arrecadar receitas, mas visa a realização de outros valores constitucionais através da tributação como a atribuição de função social ao exercício da posse, propriedade ou domínio útil.

Sob a égide da extrafiscalidade os entes tributantes têm almejado a preservação do meio ambiente, o uso racional do solo, o respeito aos valores sociais do trabalho e da livre iniciativa, a obediência às escolhas coletivas nos espaços urbanos quanto ao planejamento e desenvolvimento territorial, com a definição de sanções punitivas ou premiais aos contribuintes. Do mesmo modo, os impostos territoriais – Imposto sobre a Propriedade Predial e Territorial Urbana (IPTU) e Imposto sobre a Propriedade Territorial Rural (ITR) - podem ser úteis para a obtenção pela administração de uma gama de informações acerca da utilização dos espaços territoriais como uma espécie de censo, quando o ente tributante define por meio de lei que o contribuinte passará a ter deveres instrumentais (obrigações de fazer ou não fazer), além da obrigação principal (obrigação de pagar). Este é o primeiro passo para que seja traçada uma política fiscal quilombista que priorize direitos humanos coletivos através da tributação, afinal, será possível saber quanto do território urbano ou rural é ocupado, a finalidade da utilização da área, o que se produz naquele espaço, dentre outras informações como já acontece no lançamento tributário do ITR.

Por outro lado, a política fiscal de tributação por meio do IPTU-verde na cidade de Salvador é um exemplo de norma extrafiscal que autorizou a concessão de sanção-prêmio aos contribuintes que adotem condutas ambientalmente desejáveis pela administração em consonância com o texto constitucional e a garantia do direito difuso a um ambiente ecologicamente equilibrado por meio da Lei n. 8.473/2013 e do Decreto n. 25.899/2015. A tentativa do município foi louvável? Talvez. Quando analisada a legislação e contabilizadas as obrigações acessórias, condições para o gozo da benesse e o desconto concedido, conclui-se que a legislação pode ter sido meramente simbólica. Qual valor constitucional se pretendia concretizar com a referida lei? Qual o público alcançado?

Em um estudo empírico sobre a aplicação desta lei dentro do município de Salvador os professores André Portella e Tânia Azevedo (AZEVEDO e PORTELLA, 2019) demonstraram que a adesão ao programa criado pela gestão municipal de Salvador do IPTU-verde foi irrisória[10], o que demanda a replicação da análise jurídica sociológica desses autores. Os autores desta pesquisa concluem que os descontos concedidos a título de benefício fiscal variam entre 5 e 10% do valor do IPTU do contribuinte, porém dificilmente os contribuintes conseguem acessar esses descontos. As condutas premiadas com o desconto são inviáveis para os contribuintes que são pessoas naturais.

O quilombismo tributário, diferente do programa do IPTU-verde de Salvador, não pode se resumir a políticas fiscais voltadas para a classe empresarial. É necessário realizar uma política direcionada ao aproveitamento de espaços urbanos não ocupados e coletivizá-los. A criação de hortas urbanas pode ser incentivada pelo ente público, cadastramento coletivo de responsáveis tributários destes territórios utilizados para a produção, estímulo à gestão cooperativa destes territórios, fortalecimento da agricultura familiar nos centros urbanos, entre outros.

Tanto o IPTU quanto o ITR poderão ter alíquotas progressivas de modo a desestimular a manutenção de terras improdutivas. A aludida falta de produtividade da terra se confunde com a ideia de função social, afinal, propriedade não tem função, a assertiva exata é a de que a

---

10 Segundo os dados levantados pela pesquisa citada, apenas um contribuinte conseguiu gozar do benefício fiscal decorrente da legislação do IPTU-verde na cidade de Salvador/BA até a publicação do estudo, com base na Lei n. 8.473/2013 e regulamentada pelo Decreto n. 25.899/2015. Destaque-se que ao final de 2017 a municipalidade publicou novo decreto (29.100/2017) para regulamentar o IPTU-verde que não foi analisada da pesquisa utilizada como fonte (AZEVEDO e PORTELLA, 2019, p. 14), nem por estes autores.

propriedade é função (MORAES, 1999, p. 92 e 93). A improdutividade de determinada área pode ser considerada inutilização ou subutilização, a depender do que dispõe o Plano Diretor de Desenvolvimento Urbano (PDDU). O Estado só resguarda o direito de proprietário que atribui função ao território. Deste modo, a disposição do art. 153, §4º é similar à do art. 182, §4º, ambos da Constituição Federal de 1988, contudo o primeiro versa sobre um imposto agrário e outro sobre um imposto urbano. Ademais, o imposto agrário – ITR - pode ser aplicado em região geograficamente reconhecida como urbana, com previsão legislativa no art. 15 do Decreto-Lei 57/66.

A Constituição Federal de 1988 ainda permite que a União confira tratamento diferenciado entre as regiões com o fito de diminuir a desigualdade entre elas, conforme o art. 43. Mediante a aplicação do princípio do federalismo, o aludido artigo que só menciona expressamente a capacidade de a União agir assim, pode ser aplicado pelos municípios e Estados, ainda que este último seja irrelevante no objeto desta pesquisa. A aproximação neste trabalho do IPTU e ITR se justifica pela faculdade que os municípios possuem de invocarem a capacidade ativa quanto ao ITR através de convênio com a União, na forma prevista no art. 153, §4º, inciso III da CF/88, oportunidade em que toda a receita ficará para o município, desde que mantida a competência tributária da União e os atributos decorrentes dela como a renúncia fiscal. Deste modo, a tributação por meio do ITR passa a ser uma escolha do município para fins de aplicação de uma política fiscal. Por outro lado, diante de uma inércia do município reconhecer a aplicação do imposto agrário em determinada área, a tributação por meio de ITR é um direito fundamental que compõe o Estatuto do Contribuinte (BRITO, 2016, p.) e pode ser requerida judicialmente pela aplicação do mencionado art. 15 do Decreto-Lei n. 57/66.

Com isso, é possível afirmar que há dispositivos na Constituição Federal de 1988 que direcionam à aplicação do quilombismo como uma política fiscal para que o direito tributário cumpra suas funções de intervenção no domínio econômico de modo que estimule o desenvolvimento racional e adequado com foco na redução das desigualdades regionais dentro do mesmo território, preservando uma salutar relação socioagroambiental nas cidades. Como afirma Elisabete Maniglia, "Os instrumentos jurídicos da Constituição brasileira são suficientes no plano legal" (2009, p. 92), inclusive no que tange a uma perspectiva quilombista do direito tributário para garantir que os valores constitucionalizados que tocam à política agrícola e fundiária se conformem. A ampliação do rol de direitos humanos para abranger uma pauta decolonial de classes historicamente subalternizadas pode encontrar mecanismos de estímulo à sua concretização por meio de um modelo de política fiscal e tributação compromissadas com as suas necessidades.

2. SEGURANÇA ALIMENTAR COMO DIREITO HUMANO E O SEU ESTÍMULO PELA TRIBUTAÇÃO

Os direitos humanos tiveram o seu espectro ampliado desde que autoritariamente as nações que saíram vitoriosas da Segunda Guerra Mundial elegeram uma nova forma de colonização ao resto do globo através de um documento jurídico internacional denominado Declaração Universal dos Direitos Humanos. Como já dito antes, este artigo não tem como objetivo discutir se o rol de direitos classificados como "humanos" é bom ou ruim, certo ou errado, mas afirmar que historicamente eles representam mais uma etapa de um processo de colonização, onde a decolonialidade como discurso contra-hegemônico aparece para questionar as bases dessa Declaração, bem como transbordar o escopo do que se define como direito humano com o compartilhamento de experiências periféricas e diaspóricas.

As disputas entre as forças sociais levaram a uma ampliação do rol de direitos humanos, exemplo disso é a interpretação da doutrina social da Igreja Católica quanto ao acesso a terra como direito humano (REIS, 2012). Do cotejo dessas lutas sociais e interpretação de documentos para buscar fundamentação jurídica ao reconhecimento de novos direitos é que se tem a segurança alimentar incluída na dimensão dos direitos humanos.

A segurança alimentar é, doutrinariamente, um tema debatido dentro do campo do direito agrário brasileiro e a sua transdisciplinaridade por relacionar temas afetos à sociologia, política, história entre outros (Ibrahim Rocha). Dentro do campo do Direito, pode-se afirmar que o direito agrário é um campo do direito de sobreposição, decerto que dialoga com diversas áreas do próprio direito, como tributário, trabalhista, civil, econômico etc. Para a discussão acerca da segurança alimentar no direito agrário é preciso fazer esta introdução para que o trânsito do tema por subáreas do direito se justifique.

A produção agrária racional já está inserida no sistema jurídico brasileiro desde que fora criado o Estatuto da Terra em 1964, como mais uma das etapas do sistema de planos para o desenvolvimento econômico brasileiro pensado pelos militares, que resultou também na criação do sistema tributário brasileiro com o Código Tributário Nacional em 1966 (BRITO, 2016) e, um ano antes, no Código Florestal de 1965. Toda essa preparação legislativa veio dar segurança jurídica aos investidores para que o capitalismo chegasse ao campo brasileiro a partir da década de 1970, com o que denomina por Revolução Verde, mas relevou os efeitos deletérios que as práticas envolvidas traziam ao campo.

O uso irracional da terra com a máxima exploração dela, o uso indiscriminado de agrotóxicos - que eufemicamente são chamados de defensivos agrícolas, a utilização de máquinas tecnológicas no campo em substituição ao trabalho humano, experiências genéticas com os vegetais foram alguns dos primeiros passos notados deste processo (MANIGLIA, 2009, p. 92 e 93), tudo isto patrocinado pelo Estado brasileiro que concedia crédito público através de bancos estatais diretamente ou subsidiando os juros através dos bancos de desenvolvimento para que as instituições bancárias privadas não perdessem o seu lucro. A política de reforma agrária prevista nesta mesma legislação que deveria favorecer o desenvolvimento econômico foi completamente ignorada. As benesses concedidas para a chegada do capitalismo ao campo não foram igualmente distribuídas pela população, restou aos mais pobres vender a sua força de trabalho em condições análogas à de escravos como demonstrou Elisabete Maniglia (2009, p. 90 a 111)

Este processo no campo fomentou o desemprego e galvanizou a impossibilidade de manutenção do pobre no campo, houve um êxodo rural consequente desta política que acelerou o crescimento não planejado das cidades com a destruição de áreas verdes nesses territórios e diminuindo a qualidade de vida nas cidades (MANIGLIA, 2009, p. 93). Direitos difusos como ao meio ambiente ecologicamente equilibrado ainda não estavam constitucionalizados no Brasil, além de se estar iniciando naquele momento histórico o debate sobre direitos fundamentais de terceira dimensão.

Desta análise é possível concluir parcialmente que, não obstante existisse legislação correlata sobre o direito agrário, na década de 1970 ainda não havia um entendimento da segurança alimentar como um direito. Sua emergência advém das lutas no campo pelos movimentos sociais de trabalhadores que ganham força no final desta mesma década e no início dos anos 1980 com apoio da ala progressista da Igreja Católica denominada Teologia da Libertação (REIS, 2012) e de organizações não-governamentais. Essas lutas deslocaram esses indivíduos da posição de citadinos para cidadãos (CARVALHO, 2010), com o reconhecimento de alguns direitos durante a Assembleia Nacional Constituinte brasileira que contou com amplo debate popular (SOUZA FILHO, 2020, p. 116), apesar da resistência aberta dos representantes da elite, sindicatos patronais e editoriais da imprensa conservadora (MENDONÇA, 2010).

Durante os anos 1990 pouco do que fora constitucionalizado do direito agrário se concretizou, principalmente a pauta atinente aos trabalhadores, diferente do tratamento dado aos subalternos, o patrocínio do Estado brasileiro ao desenvolvimento econômico das elites agrárias permaneceu. A postura do Estado brasileiro desembocou na criação de uma casta liberal na economia que depende de ajuda do Estado - como subsídio, políticas protecionistas, isenção fiscal, concessão de terras etc.- para que o agronegócio seja rentável. Alentejano apontou que o Coeficiente de Gini utilizado para apurar a concentração fundiária no país permaneceu praticamente estagnado entre 1985 e 2006, já que variou de 0,857 para 0,854 (s/d p. 02). A concentração de terras aumentou de acordo com o último censo agropecuário realizado pelo Instituto Brasileiro de Geografia e Estatística (IBGE) em 2017 quando foi apurado que o Coeficiente de Gini apontou o índice de 0,867 de concentração fundiária no país.

A desindustrialização do Brasil com o processo de reprimarização da economia que voltou a se basear em commodities, colocou o país novamente numa posição de colônia que simplesmente abastece outros países com matéria-prima (PESSANHA, 2017). O aumento das culturas de exportação como soja, cana-de-açúcar e criação de gado bovino, é a razão da maior concentração fundiária no Brasil, afinal, é mais rentável a venda desses gêneros para fora. A visão cerrada do lucro, somada ao baixo número de terras aráveis em grandes centros econômicos mundiais se comparados ao Brasil, e a falta de concretização de diplomas constitucionais que garantem o respeito à função social da terra pelo viés da sua finalidade de produção de alimentos e abastecimento interno, são fatores que justificam a ocupação do território brasileiro por culturas que não servem à alimentação da população (ALENTEJANO, s/d, p. 07).

A aquisição de terras no Brasil por estrangeiros se concretiza por dois tipos de conduta dos governantes, a primeira é da inércia pela não atualização da lei que garante ao país a sua soberania, decerto que a grupos econômicos estrangeiros e multinacionais conseguem driblar as atuais barreiras legais e ausência de fiscalização (COUTINHO et al., 2018, p. 217 e ss); já a segunda é pela adoção de posturas ativas de facilitação da grilagem moderna (AATR, 2017) como a medida provisória 910/2019 que não foi convertida em lei (SOUZA FILHO, 2020, p. 118) e a postura do Consórcio Nordeste na facilitação da entrada de capital estrangeiro para a compra de terras na região, p.ex. o Oeste da Bahia na poligonal do Matopiba.

A insegurança alimentar é consequência lógica deste processo que só visa o lucro dos sócios rentistas que tratam a terra como negócio, defenestrando direitos como o dos cidadãos se alimentarem adequadamente. Sem o direito à alimentação adequada, não há que se falar em dignidade humana ou em direito à vida. Elisabete Maniglia lembra que o Estado precisa garantir a todos o direito a aquisição destes alimentos "e ainda que sejam de boa qualidade, sem apresentar riscos à saúde" (2009, p. 111), o que não se realiza no Brasil pela recente liberação de agrotóxicos proibidos em diversos locais do mundo, o que foi rotineiramente divulgado na imprensa desde o início de 2019.

No magistério de Jaques Alfonsin as necessidades vitais como o acesso à terra – e neste trabalho se inclui a segurança alimentar – não se confundem com os desejos ou preferências, aqueles precisam ter o reconhecimento da sua força normativa como fundamento e conteúdo de valor de direitos humanos, pois, se não forem satisfeitos provocam o mais agudo estado de necessidade e não tem como deixar de provocar um dano (ALFONSIN, 2003, p. 52 a 54). O direito à segurança alimentar, portanto, decorre de uma interpretação do direito humano à dignidade, à vida e à saúde.

A tributação, por seu turno, pode garantir a segurança alimentar como direito humano por meio de escolhas da administração pública – no campo da política financeira e tributária – sobre uma tributação mais pesada sobre culturas como a soja, a cana-de-açúcar majoritariamente voltados para abastecimento do mercado externo ou para a produção de combustível, em detrimento da garantia de que aquele solo produzirá alimentos para a população brasileira. A escolha de uma empresa capitalista em visar somente o lucro e não cumprir a sua função social na exploração adequada e racional do solo por um viés qualitativo do interesse econômico do país é suficiente para a aplicação de alíquotas progressivas na tributação da propriedade agrária ou urbana, diante de uma nítida subutilização da área que só gera frutos ao titular da exploração da terra. A política tributária ainda pode ser aplicada de modo a minorar alíquotas dos impostos territoriais quando os contribuintes, adequados à realidade regional/local, adotarem condutas que mereçam ser premiadas como: desenvolvimento de hortas urbanas, comercialização destes produtos para a comunidade e organização de atividade econômica cooperativa que instigue uma circulação de riqueza e melhor distribuição de renda naquele espaço.

Observe-se que, os exemplos dados estão coadunados com os valores quilombistas que podem ser o vetor interpretativo de normas jurídicas que já existem no atual sistema constitucional tributário brasileiro, mas também não se encerram aqui. A experiência humana proporciona uma leitura mais sensível do direito tributário com uma guinada para o respeito aos direitos humanos (BUFFON, 2009) depois de "empurrar o céu para cima" e expandir o horizonte de compreensão com culturas contra hegemônicas. Diante disto, resta evidente que a segurança alimentar se adequa à ideia de direito humano, bem como a adoção de políticas financeira e tributária para estimular condutas consideradas benéficas e desestimular aquelas consideradas nocivas na relação jurídica tributária com os contribuintes.

CONSIDERAÇÕES FINAIS

Com o que foi apresentado acima é possível apontar conclusões para o trabalho, que melhor se define como considerações finais, devido à consciência de que este modelo decolonial de pensamento jurídico ainda dá os seus primeiros passos. Isto posto, encerra-se este artigo com as conclusões parciais que deverão ser mais desenvolvidas:

a. O quilombismo é uma categoria jurídico-filosófica;

b. O quilombismo não se aplica apenas às comunidades africanas, africanas diaspóricas e indígenas, muito embora coloque os saberes como protagonistas de uma nova organização política, social e econômica;

c. O pensamento decolonial necessita da dimensão do pensamento colonial como parâmetro e que a contradição no processo de desconstrução para a aplicação no direito é uma estratégia de recepção dos valores quilombistas no sistema jurídico atual;

d. O município pode adotar como política fiscal o reconhecimento de hortas urbanas para tributar pelo imposto territorial agrário por este regime jurídico que tende a ser menos oneroso aos contribuintes;

e. O município de Salvador tem uma política tributária de adoção de IPTU-verde, mas que sociologicamente a norma não foi eficaz em decorrência do excesso de condições para o gozo do benefício fiscal ou ainda pelo tímido desconto concedido que não estimulou os contribuintes;

f. A tributação territorial tem previsão constitucional de extrafiscalidade tributária;

g. O estímulo às condutas coadunadas com os valores quilombistas - como a criação de hortas urbanas - podem ser estimuladas com a diminuição do ônus tributário ao tempo que condutas nocivas como práticas que fragilizem a segurança alimentar podem ser desestimuladas com a progressão das alíquotas dos impostos territoriais;

h. segurança alimentar é direito humano e as políticas tributárias devem estar imediata ou mediatamente vinculadas à consecução desses direitos.

REFERÊNCIAS BIBLIOGRÁFICAS

ALENTEJANO, Paulo. *A centralidade da questão fundiária no cenário agrário brasileiro do século XXI. Observatório Geográfico América Latina*. s.d. Disponível em: http://observatoriogeograficoamericalatina.org.mx/egal15/Geografiasocioeconomica/Geografiaagricola/01.pdf. Acesso em 16/09/2020

ALFONSIN, Jacques Távora. *O Acesso à Terra como Conteúdo de Direitos Humanos Fundamentais à Alimentação e à Moradia*. Porto Alegre, SAFE, 2003.

ASSOCIAÇÃO DOS ADVOGADOS DOS TRABALHADORES RURAIS (Org.). *No rastro da grilagem*. Salvador: AATR, Volume 1, 2017.

AZEVEDO, Tânia C.; PORTELLA, A. *Incentivos fiscales verdes como instrumento de apoyo a la política urbana*: un estudio sobre el IPTU verde en municipios brasileños. In *HOLOS*, Ano 35, v.1, e7913, España, 2019.

BERNARDINO-COSTA, Joaze; MALDONADO-TORRES, Nelson; GROSFOGUEL, Ramón. *Introdução: Decolonialidade e pensamento afrodiaspórico*. In BERNARDINO-COSTA, Joaze; MALDONADO-TORRES, Nelson; GROSFOGUEL, Ramón (Orgs). *Decolonialidade e pensamento afrodiaspórico*. 2. ed. Belo Horizonte: Autêntica Editora, 2019.

BOMFIM, Diego. *Extrafiscalidade*: identificação, fundamentação, limitação e controle. 1.ed. São Paulo: Noeses, 2015.

BRASIL. *Constituição da República Federativa do Brasil de 1988*. Disponível em: <http://www.planalto.gov.br/ccivil_03/constituicao/constituicaocompilado.htm>. Acesso em: 15 jul. 2020.

BRITO, Edvaldo. *A teoria do contrato e o contrato com pessoa a declarar no projeto de Código Civil*. Tese apresentada ao concurso para professor titular do Departamento de Direito Civil, Área de Direito Civil da Faculdade de Direito, da Universidade de São Paulo. Trabalho fornecido pelo Autor, São Paulo: 2001

————. *Reflexos jurídicos da atuação do Estado no domínio econômico*. 2. ed. São Paulo: Saraiva, 2016.

BUFFON, Marciano. *Tributação e dignidade humana*: entre os direitos e deveres fundamentais. Porto Alegre: Livraria do Advogado Editora, 2009

CANARIS, Claus-Wilheim. *Pensamento sistemático e conceito de sistema na ciência do Direito*. Lisboa: Fundação Calouste Gulbekian, 1996.

CARNEIRO. Aparecida Sueli. *A construção do outro como não-ser como fundamento do ser*. Tese (Doutorado em educação). Universidade de São Paulo, São Paulo, 2005. Disponível em: <https://negrasoulblog.files.wordpress.com/2016/04/a-construc3a7c3a3o-do-outro-como-nc3a3o-ser-como-fundamento-do-ser-sueli-carneiro-tese1.pdf>. Acesso em 01 de Fev. 2021.

CARVALHO, José Murilo de. *Os bestializados*: o Rio de Janeiro e a República que não foi. 3. ed. São Paulo: Companhia das Letras, 2010.

CERTEAU, Michel de. *A escrita da história.* 3. ed. Rio de Janeiro: Forense, 2011.

COUTINHO, Diogo R.; PROL, Flávio; MIOLA, Iagê Zendron (Orgs.). *Propriedades em transformação:* abordagens multidisciplinares sobre a propriedade no Brasil. São Paulo: Blucher, 2018.

FANON, Frantz. *Pele negra, máscaras brancas.* Salvador: EDUFBA, 2008

FEYERABEND, Paul K. *Contra o método.* 2. ed. São Paulo: Editora Unesp, 2011.

GADAMER, Hans-Georg. *Verdade e método.* Petrópolis, RJ : Vozes, 1997

GOMES, Orlando. *Introdução ao direito civil.* 21 ed. rev. e atual. por Edvaldo Brito e Reginalda Paranhos Brito. Rio de Janeiro: Forense, 2016.

HANSEN, Mria de Nazareth Agra. *A cidade só pode ser um bem quando é um bem comum.* In HUSSEK, Marcelo *et al.* (Orgs.). *Em defesa do bem comum.* Porto Alegre: Tomo Editorial, 2018.

KRENAK, Ailton. *Ideias para adiar o fim do mundo.* 2.ed. São Paulo: Companhia das Letras, 2020.

KUHN, Thomas S. *A estrutura das revoluções científicas.* 12. ed. São Paulo: Perspectiva, 2013.

MALDONADO-TORRES, Nelson. *Analítica da colonialidade e da decolonialidade: algumas dimensões básicas.* In BERNARDINO-COSTA, Joaze; MALDONADO-TORRES, Nelson; GROSFOGUEL, Ramón (Orgs). *Decolonialidade e pensamento afrodiaspórico.* 2. ed. Belo Horizonte: Autêntica Editora, 2019.

MANIGLIA, Elisabete. *As interfaces do direito agrário e dos direitos humanos e a segurança alimentar* [livro eletrônico]. São Paulo: Cultura Acadêmica, 2009.

MENDONÇA, Sônia Regina de. *A questão agrária no Brasil:* A classe dominante agrária – natureza e comportamento – 1964 a 1990. 2. ed. São Paulo: Editora Expressão Popular, 2010.

MORAES, José Diniz de. *A função social da propriedade e a Constituição Federal de 1988.* São Paulo: Malheiros Editores, 1999.

NASCIMENTO, Abdias do. *O quilombismo.* 2 ed. Brasília/Rio de Janeiro: Fundação Palmares/OR Editor Produtor, 2002

NEVES, Delma Pessanha. *Questão Agrária: projeções societais em confronto. Textos e Debates,* Boa Vista, n.31, p. 79-106, jan./jun. 2017.

PAROLA, Giulia; COSTA, Loyuá Ribeiro Fernandes Moreira da. *Novo constitucionalismo latino americano: um convite a reflexões acerca dos limites e alternativas ao direito.* In *Revista Teoria Jurídica Contemporânea.* Vol. 3, n.2. UFRJ. Jul-Dez 2018, pp. 06-22. Disponível em https://revistas.ufrj. br/index.php/rjur/issue/viewIssue/1013/678. Acesso em 17/04/2021.

REIS, Rossana Rocha. *O direito à terra como um direito humano: a luta pela reforma agrária e o movimento de direitos humanos no Brasil. Lua Nova: Revista de Cultura e Política.* Lua Nova n.86 São Paulo 2012. Disponível em: https://www.scielo.br/scielo.php?script=sci_arttext&pid=S0102-64452012000200004&lng=pt&tlng=pt. Acesso em 16/09/2020

ROCHA, Ibrahim. *et al. Manual de Direito Agrário Constitucional:* lições de direito agroambiental. 3. ed. Belo Horizonte: Fórum, 2019.

SOUZA Filho, Carlos Frederico Marés. *Judicialização e Reforma Agrária. In COMISSÃO PASTORAL DA TERRA.* Conflitos no Campo Brasil 2019. Goiânia, CPT, 2020. Disponível em: http://cptnacional.org.br/component/jdownloads/send/41-conflitos-no-campo-brasil-publicacao/14195-conflitos-no-campo-brasil-2019-web?Itemid=0. Acesso em 16/09/2020

REGRESSIVIDADE TRIBUTÁRIA COMO FORMA DE AMPLIAÇÃO DA DESIGUALDADE E CONSEQUENTE VIOLAÇÃO À DIGNIDADE DA PESSOA HUMANA

Luiza Faria[1]

SUMÁRIO: Introdução ||| 1. Regressividade tributária ||| 2. Impacto econômico e social da regressividade ||| 2.1. Desigualdade ||| 3. Dignidade da pessoa humana e mínimo existencial ||| 4. Reforma tributária no enfrentamento da regressividade ||| Conclusão ||| Referências

Resumo: A regressividade tributária é presente no sistema tributário brasileiro, principalmente quando a opção política é por tributar mais o consumo em detrimento da renda e do patrimônio. Essa situação faz com que as pessoas mais pobres sejam tributadas de forma mais severa que os mais ricos. Essa realidade impacta diretamente o rendimento dessa classe, dificultando a própria sobrevivência. Esse modelo de tributação atua na criação e perpetuação das desigualdades sociais e por isso deve ser evitado. Dessa forma, a dignidade da pessoa humana mostra-se desrespeitada, a partir do momento em que as pessoas mais vulneráveis comprometem uma parte significativa de suas rendas com tributos incidentes sobre o consumo. Inevitavelmente, a consequência se dará na queda da qualidade de vida dessas pessoas e na violação dos direitos humanos básicos. Busca-se analisar se a reforma tributária proposta atende

---

1 É doutora em Ciências Sociais pela Unisinos, professora universitária e advogada.

essa necessidade de uma tributação mais voltada para a realização dos direitos humanos.

Palavras-chave: Regressividade. Dignidade da pessoa humana. Reforma tributária.

Abstract: Tax regressiveness is present in Brazil mainly when consumption is opted for tax over income and wealth. This situation means that the poorest people are taxed more severely than the richest. This reality directly impacts the income of this class, making it difficult to prioritize. This taxation model acts in the creation and perpetuation of social inequalities, so it must be avoided. In this way, the dignity of the human person is disrespected, from the moment when the most vulnerable people commit a significant part of their income to taxes on consumption. Inevitably, the consequence is desired in the quality of life of these people and in the violation of basic human rights. Thus, we seek to analyze whether a proposed tax reform meets this need to seek taxation more focused on Human Rights.

Key words: Regressiveness. Dignity of the human person. Tax reform.

INTRODUÇÃO

O presente artigo versa sobre o impacto da regressividade tributária na desigualdade social e na concretização do princípio da dignidade da pessoa humana. A intenção principal é inter-relacionar o tema da tributação com os direitos humanos.

Para essa análise será utilizada uma pesquisa bibliográfica e documental, em que serão estudados os temas desigualdade, regressividade, direitos humanos e reforma tributária. Serão utilizados dados secundários, de órgãos como Receita Federal, IBPT e OCDE, para que seja possível verificar o impacto da regressividade da tributação brasileira e serão brevemente analisados os Projetos PL3887/22020, PEC 45/2019 e PEC 110/2019 os quais versam sobre a reforma tributária.

Para isso, primeiramente estuda-se a regressividade na tributação. Busca-se entender o seu funcionamento, a sua manifestação (com base em dados estatísticos) e quais as justificativas para essa escolha política. Em seguida, compara-se a matriz tributária brasileira com outros países, a fim de demonstrar o problema apresentado.

O segundo tópico adentra na questão do impacto econômico e social que a regressividade tributária causa na sociedade. O foco da pesquisa é analisar o tema da desigualdade e o consequente desrespeito à dignidade da pessoa humana e ao mínimo existencial, entendidos como direitos humanos básicos e fundamentais.

Para encerrar, entendendo a regressividade como um problema comprovadamente apresentado, analisam-se as propostas de reforma tributária que estão sendo discutidas no Congresso Nacional, a fim de verificar se as sugestões de alteração abarcam os temas atinentes à desigualdade e à dignidade da pessoa humana em suas redações.

A investigação é necessária já que a desigualdade social é um problema histórico no Brasil. Dessa forma, é necessário buscar meios para que ela possa ser reduzida. Em geral, quando se pensa no tema desigualdade e possíveis soluções, as pesquisas giram em torno de programas sociais de transferência de renda ou de inclusão social. Todos estes são necessários e têm-se mostrado eficientes no que se refere à consecução dos fins de desenvolvimento de políticas de direitos humanos.

Contudo, o próprio Estado se mostra um ente gerador das desigualdades, quando mantém uma matriz tributária regressiva. E é exatamente este o ponto em que o artigo quer chegar. Ampliar o estudo da desigualdade para as ações estatais responsáveis por gerar desequilíbrios econômicos e sociais, impactando diretamente em princípios básicos como a dignidade da pessoa humana.

Ora, o próprio Estado, que é o principal responsável por combater desigualdades, ao contrário, as cria e as mantém. Neste sentido, essa pesquisa busca apontar como essa situação ocorre e como ela pode ser alterada.

1. REGRESSIVIDADE TRIBUTÁRIA

A regressividade é um dos principais problemas tributários existentes quando se pensa em justiça fiscal, pois atua como um empecilho real e concreto para um sistema tributário equânime, baseado nos princípios da capacidade contributiva e isonomia material.

A regressividade está presente na tributação quando o Estado, ao exercer sua capacidade tributária, onera de forma igual ou mais excessiva as classes mais baixas, acarretando a perpetuação das desigualdades sociais. O sistema regressivo atua não somente na questão econômica, mas influenciando outras áreas, como a social (NUNES,2016).

A busca por uma tributação progressiva é um caminho de efetivação do princípio da capacidade contributiva e, por conseguinte, uma forma de o Estado tentar reduzir a desigualdade social. Pode ser tratada como um dos principais meios para a consecução da justiça fiscal, na perspectiva da receita; por essa razão, apresenta-se como importante tema a ser estudado.

A principal característica de uma tributação regressiva mostra-se quando ocorre uma tributação excessiva sobre o consumo e branda sobre o patrimônio e/ou sobre a renda. A explicação é simples: a baixa tributação sobre o patrimônio gera o seu acúmulo e, consequentemente, a concentração e desigualdade. Já a alta tributação sobre o consumo afeta diretamente os setores que mais consomem proporcionalmente, em relação ao seu rendimento – os mais pobres.

Essa realidade é a que se encontra na matriz tributária brasileira. A tabela abaixo corrobora essa informação, ao demonstrar que quase metade da arrecadação tributária é proveniente dos tributos cobrados sobre os bens e serviços, ou seja, incidentes sobre o consumo.

Tabela 1 – Arrecadação tributária por espécie de tributo

Cód.	Tipo de Base	2009	2010	2011	2012	2013	2014	2015	2016	2017	2018
1000	Renda	22,17%	20,73%	21,77%	20,71%	21,01%	21,01%	21,12%	22,62%	21,75%	21,62%
2000	Folha de Salários	27,79%	27,60%	27,17%	28,06%	27,45%	27,77%	27,76%	27,86%	27,75%	27,39%
3000	Propriedade	3,91%	3,77%	3,73%	3,88%	3,91%	4,09%	4,43%	4,52%	4,58%	4,64%
4000	Bens e Serviços	44,46%	45,71%	45,10%	45,42%	45,91%	45,50%	44,92%	43,33%	44,28%	44,74%
5000	Trans. Financeiras	1,80%	2,10%	2,20%	1,96%	1,68%	1,62%	1,80%	1,66%	1,63%	1,60%
9000	Outros Tributos	- 0,12%	0,08%	0,03%	- 0,03%	0,03%	0,01%	- 0,02%	0,01%	0,01%	0,01%
0000	Total	100%	100%	100%	100%	100%	100%	100%	100%	100%	100%

Fonte: Receita Federal, 2020, p. 5

A regressividade é considerada uma opção política do Estado brasileiro, pois essa tendência é notada no decorrer dos anos, sem alterações significativas. Trata-se de uma opção em concentrar a arrecadação nos tributos incidentes sobre o consumo, descritos na tabela acima como bens e serviços.

Oliveira pontua o problema da regressividade, já que é um exemplo das políticas tributárias que atuam de forma contrária ao esperado no que se refere aos direitos humanos (OLIVEIRA, 2019, p. 369), pois violam preceitos básicos e universais que devem ser resguardados a todos os cidadãos.

Para o IPEA (2010), a justificativa para a utilização deste tipo de tributação é o fato dos tributos serem cobrados de forma implícita, pois assim eles vêm embutidos no preço do produto, de modo que a população não sabe ao certo quanto paga de tributo, e assim sendo mais fácil aceitar este tipo de imposição. Além da questão da invisibilidade, é importante esclarecer que os tributos sobre o consumo tendem a ser de arrecadação mais simples (NUNES, 2016, p. 125).

Outra vantagem para essa escolha é que o tributo é pago em diversas etapas, incidindo em momentos diversos[2], algo mais vantajoso do que se tributar uma propriedade, por exemplo, já que neste caso o tributo incidirá em único momento (NUNES, 2016, p. 124).

No caso da União, ainda é cabível esclarecer que ela não precisa repartir a receita arrecadada com as contribuições sociais (no caso específico, aquelas incidentes sobre o consumo), o que a ajuda a manter-se com a maior parte da arrecadação; diferentemente, por exemplo, do imposto de renda, cujo produto da arrecadação é compartilhado entre outros entes federados (ARAÚJO, 2001, p. 2).

Comparando a distribuição da arrecadação brasileira com outros países, fica nítida a discrepância existente com os demais. O principal ponto a ser analisado não é a carga tributária total, mas como se dá a sua composição. De acordo com os dados apresentados pela Organiza-

---

2 Existe a figura da não cumulatividade, a qual permite o desconto na operação posterior do que foi pago na anterior, para assim evitar uma tributação em cascata. Todavia, nem sempre ela é possível. Além disso, em casos de restituição por pagamento indevido, o contribuinte tem dificuldade na comprovação, beneficiando novamente a Fazenda Pública.

ção para a Cooperação e Desenvolvimento Econômico - OCDE, o Brasil concentra boa parte da sua tributação nos tributos incidentes sobre o consumo, superando a média dos demais países da OCDE e da América Latina, conforme gráfico abaixo.

Figura 1 – Comparativo de arrecadação tributária por espécie – Brasil, América Latina e países membros da OCDE

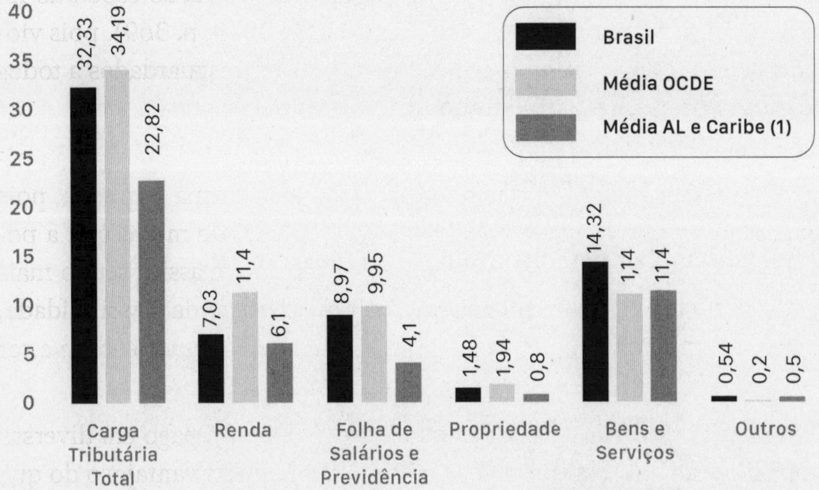

Fonte: Receita Federal, 2020, p. 10

Este tipo de situação é muito comum, principalmente nos países em desenvolvimento, historicamente países com alta desigualdade social. Nos países pertencentes à OCDE, a média da tributação sobre o consumo é próxima de 11% do PIB, estando o Brasil bem acima da média, já que seu percentual supera 14% do PIB. Se forem comparados os dados brutos, a discrepância será ainda mais evidente.

2. IMPACTO ECONÔMICO E SOCIAL DA REGRESSIVIDADE

Dowbor ressalta que a renda das classes mais baixas não lhes permite investir ou constituir patrimônio, já que elas gastam quase a totalidade de sua renda consumindo produtos de primeira necessidade (2014, p. 13). É difícil sobrar dinheiro para propriedades ou investimento, por exemplo.

Zockun explica que a propensão ao consumo é inversamente proporcional à renda, de forma que, quanto menor sua renda, maior será sua disposição de gastar todo o dinheiro arrecadado, ou até mesmo mais do que se arrecada em bens de consumo (2017, p. 36). As pessoas com salários maiores, embora também gastem com bens de consumo, usam o dinheiro em outras áreas, como o investimento. Proporcionalmente, em relação ao percentual de renda, as pessoas mais pobres consomem mais.

De acordo com o perfil de consumo do brasileiro, os tributos sobre o consumo pesam de forma muito forte nas classes mais baixas, que na maioria das vezes não possuem propriedades (carros, casas, dentre outros) e gastam a maior parte de sua renda em produtos de consumo ou serviços básicos (como alimentação, vestuário, água, luz, dentre outros). Isto implica em uma tributação elevada no gasto dessas pessoas.

A segunda é o fato de incentivar diretamente a concentração de riqueza. Na medida em que os proprietários de bens e rendas são menos onerados com tributos, eles têm a oportunidade de investir cada vez mais, possibilitando a acumulação de riquezas, constantemente.

A tabela abaixo comprova os dados já explicitados: no Brasil, a população menos favorecida, identificada como a que recebe até três salários-mínimos, é a que mais contribui com o sistema tributário:

Tabela 1 – Arrecadação tributária por classe social

Arrecadação - R$ 1 trilhão BRASIL 2014	POPULAÇÃO 202.000.000	%	Arrecadação -R$ 1 trilhão	%
Até 3 salários-mínimos	159.620.400	79,02%	537.937. 743.190,66	53,79%
De 3 a 5 salários-mínimos	20.482.800	10,14%	126.459. 143.968,87	12,65%
De 5 a 10 salários-mínimos	15.352.000	7,60%	166.342.412.451,36	16,63%
De 10 a 20 salários-mínimos	4.848.000	2,40%	96.303.501.945,53	9,63%
Mais de 20 salários-mínimos	1.696.800	0,84%	72.957.198.443,58	7,30%
	202.000.000	100,00%	1.000.000.000.000,00	100,00%

Fonte: IBPT, 2014.

A tabela demonstra que mais da metade do valor arrecadado - um percentual de 53,79% do total - é proveniente dos tributos pagos por quem recebe até três salários-mínimos, o que torna notória a disparidade existente entre a tributação e as classes sociais, influenciando ainda mais a questão da desigualdade.

Luciana Grassano Melo explica que a concentração de riqueza no topo da pirâmide, ocasionada dentre outros motivos pela regressividade, gera desigualdade e traz outras consequências como a diminuição do crescimento econômico e a fragilidade do processo democrático (MELO, 2020, p. 27).

Para o presente artigo, opta-se em estudar o impacto gerado na desigualdade e nos princípios da dignidade da pessoa humana e mínimo existencial, fontes primárias dos direitos humanos.

2.1. DESIGUALDADE

A regressividade do sistema tributário demonstra de forma evidente o beneficiamento da concentração de renda e riqueza, o qual enseja um aumento das desigualdades e não se coaduna com a justiça fiscal, além de confrontar com os objetivos e finalidades constitucionais (MAZZA, 2017, p. 271).

O grande problema dessa escolha política pela regressividade, é que os tributos incidentes sobre o consumo como, por exemplo, o ICMS, são cobrados de forma igual para toda a sociedade, independentemente da condição financeira dos contribuintes de fato (consumidores). O produto é vendido com o mesmo preço e com a mesma carga tributária para todos, indiscriminadamente. Nesse contexto, não se diferencia a condição econômica para a imposição tributária, o que gera mais desigualdade.

Dworkin ressalta uma visão mais conservadora, ao entender que "tratar os cidadãos como iguais equivale a não tratar como iguais" (2000, p. 284), pois esta igualdade aparente e inicial acarretará uma desigualdade substancial, dificultando a mobilidade social, por exemplo. Por isso, deve ser configurada uma equidade vertical, em que as pessoas em diferentes posições sociais deveriam ser tributadas de forma diferenciada.

O decréscimo do índice das desigualdades está inteiramente ligado à busca dessas metas de progressividade. Elas podem ser alcançadas com um sistema tributário mais justo e mais solidário, baseado na capacidade contributiva dos cidadãos e no combate às iniquidades (MAZZA, 2017, p. 165).

Entendendo a seriedade do problema e a relação de causa e efeito gerada, fica evidente a necessidade de uma alteração na política adotada, objetivando uma tributação menos regressiva. A progressividade manifesta um pacto entre o coletivo e o individual, entre a liberdade e a equidade (PIKETTY, 2014, p. 492).

Sendo assim, torna-se premente a necessidade de se buscar uma tributação mais equânime, baseada nos signos presuntivos de renda e riqueza e que não seja tão excessiva para as classes mais baixas. O combate às desigualdades é um dos objetivos fundamentais da república (Art. 3º, inciso III, CF) e deve ser observado em todos os setores, inclusive na esfera tributária.

3. DIGNIDADE DA PESSOA HUMANA E MÍNIMO EXISTENCIAL

O conceito pode ser definido como a qualidade distintiva do ser humano que impõe ao Estado e à sociedade, na sua relação com o indivíduo, a proibição da prática de qualquer ato degradante ou desumano e, igualmente, a garantia da promoção de condições existenciais mínimas para uma vida saudável a cada ser humano (ROHENKOHL, 2007, p. 218).

Nunes explica que estes princípios são os que fornecem sustentação à justiça social (NUNES, 2016, p. 247). Para ele, estes fundamentos servem ainda como motivação ao Estado Democrático de Direito.

Rohenkohl ressalta que a dignidade da pessoa humana é mais que um princípio constitucional, sendo caracterizada como um princípio fundamental, com uma superioridade material elevada (2007, p. 81). Por esse motivo, é de observação obrigatória em todos os aspectos do Estado, inclusive quando se trata da tributação.

É importante ressaltar que a tributação deve ter uma visão não só arrecadatória, mas também humana (MELLO, 2013, p. 44), possibilitando ao Estado privilegiar a dignidade da pessoa humana e demais valores jurídicos e sociais no momento da cobrança dos tributos.

Sendo assim, a tributação deve buscar sempre estar de acordo com a dignidade, pois, se os tributos forem excessivos, as pessoas terão que abrir mão de direitos básicos, para poder contribuir com o financiamento do Estado, por meio do pagamento de tributos. Buffon ressalta que não há nada mais contrário à ideia de dignidade humana do que renunciar obrigatoriamente à própria sobrevivência, para cumprir as exigências fiscais do Estado, não sendo admitida a tributação do mínimo existencial (BUFFON, 2009, p. 99).

Para o autor, instrumentos tributários podem ser utilizados como uma forma de densificação da dignidade da pessoa humana e serão assim considerados como condição da existência do Estado democrático de Direito (BUFFON, 2009, p. 18), corroborando a visão de Nunes, pois um Estado democrático deve preservar o mínimo existencial em respeito aos seus cidadãos.

> O núcleo essencial dos direitos e garantias fundamentais encartados na Carta de 1988 não podem ser atingidos pelos tributos. Só existirá aptidão para o pagamento de impostos, taxas, contribuições de melhoria, empréstimos compulsórios e demais contribuições, dessa forma, quando os gravames, por sua medida, não impeçam o contribuinte do exercício de qualquer dos direitos e garantias que conformam a "Constituição material" de nosso ordenamento (ROHENKOHL, 2007, p. 186).

O mínimo existencial é uma projeção do princípio da dignidade da pessoa humana. Para que esta seja exercida, existe a necessidade de preservação de uma existência íntegra, proporcionada pelo mínimo de respeitabilidade. Para que ele seja mantido, é necessário que o Estado não tribute as situações que compõem esse valor básico (ROHENKOHL, 2007, p. 89).

Em termos tributários, o mínimo existencial funciona como um limite da capacidade contributiva, a partir daquele ponto a tributação é permitida e aceitável. Antes disso, tem-se a incapacidade contributiva, ou seja, a impossibilidade de se pagar tributos sem que sua dignidade seja afetada (ROHENKOHL, 2007, p. 90).

Esse direito pode ser visto por duas vertentes, a positiva, em que o Estado deve fornecer o mínimo para a sobrevivência da população, como os direitos sociais básicos. E ainda a negativa, em que o Estado não pode intervir, como por meio da tributação, para afetar a dignidade ou até mesmo a liberdade básica das pessoas (BUFFON, 2009, p. 182).

Existe uma grande dificuldade em não se tributar o mínimo existencial quando se trata de tributos indiretos. Como o valor tributado recai sobre o preço do bem, não é possível definir quem será o contribuinte de fato (consumidor) que está adquirindo determinado bem. Nesse sentido, a capacidade econômica acaba não sendo observada, ou não o sendo da forma que deveria (BUFFON, 2009, p. 215).

Por essa razão, a regressividade tributária, ao concentrar sua escolha tributária nos tributos indiretos, impacta diretamente a dignidade da pessoa humana e o mínimo existencial. A tributação acaba sendo um instrumento de criação e manutenção de desigualdades sociais, ignorando os preceitos básicos dos direitos humanos.

4. REFORMA TRIBUTÁRIA NO ENFRENTAMENTO DA REGRESSIVIDADE

É de se esperar que se faça uma alteração substancial na forma de tributação existente no Brasil, como visto até aqui. Todavia, as propostas de reforma tributária vigentes[3] estão mais preocupadas com a simplificação[4] da tributação do que com o problema da regressividade do sistema tributário brasileiro. Não se ignora a necessidade da simplificação, contudo é o momento de se pensar de forma mais ampla.

No PL 3887/20 destaca-se a criação da CBS, tributo único que reúne os demais tributos incidentes sobre o consumo. É importante frisar a não cumulatividade (Art. 9°)[5] e a isenção para alguns produtos essenciais, tais como os itens componentes da cesta básica (Art. 22, II), serviço de saúde (22,I) e de transporte público (22, III).

---

3 Considera-se aqui o PL3887/22020, a PEC 45/2019 e a PEC 110/2019.

4 A simplificação também é uma questão importante, embora não seja tratada neste artigo.

5 Com a não cumulatividade a carga tributária incidente em cada produto será menor.

Outro ponto que merece atenção é que o projeto privilegia o princípio da seletividade ao tributar de forma diferenciada os cigarros (Art. 39), álcool (Art. 40) e as instituições financeiras (Art. 42 e seguintes).

A PEC 45/2019, proposta pela Câmara dos Deputados, também prevê a unificação dos tributos sobre o consumo (IPI, PIS, COFINS, ICMS e ISS), criando o IBS (imposto de bens e serviços). Os casos específicos de produtos seriam tributados pelo IS (imposto seletivo). Neste projeto destaca-se a criação de um programa de transferência de renda para as classes mais baixas.

A PEC 110/2019, proposta pelo Senado Federal, é bem parecida com a PEC 45/2019, no que tange ao IBS e ao IS. Prevê ainda a extinção da CSLL, que seria incorporada ao IRPJ. Algumas medidas de tributação progressiva foram apresentadas, mas ainda de forma discreta, em termos de alteração na composição da arrecadação tributária, tais como: a tributação de embarcações e aeronaves, a ampliação do ITCMD e a tributação dos lucros e dividendos.

A proposta apresentada pelo Poder Executivo (PL 2337/21) traz algumas sugestões para alteração no imposto de renda. A primeira delas é a atualização da tabela que se encontra defasada em razão do não ajuste anual. Todavia, apresenta-se uma medida paliativa, já que corrige a tabela atual, mas não cria um sistema de correção automático. Sendo assim, em poucos anos facilmente a tabela se encontrará novamente desatualizada.

Ainda no que concerne à tabela de alíquotas, o desconto simplificado será limitado para rendimentos de até 40 mil/ano. Medida que implicará em um aumento da alíquota efetiva do imposto para rendas que ainda são consideradas baixas.

Alguns pontos bastante criticados, como a tributação pelo imposto de renda da renda proveniente do capital, em especial da incidência deste imposto nos lucros e dividendos (FARIA; TEIXEIRA, 2020, p. 117), foram considerados pela primeira vez em uma proposta de reforma tributária. A proposta prevê uma alíquota de 20% para a pessoa física, que atualmente é isenta. Propõe ainda uma isenção para lucros e dividendos de até 20 mil por mês, provenientes de microempresas e empresas de pequeno porte.

Para o imposto de renda pessoa jurídica as principais mudanças propostas são: a redução das alíquotas, a exclusão das bonificações pagas aos acionistas como despesas operacionais e o fim da figura dos juros sobre capital próprio. Outro ponto relevante é a aproximação com o mercado internacional, desestimulando o ganho de capital indireto.

Já no que se refere ao imposto de renda decorrente dos investimentos, as mudanças propostas estão mais voltadas para a padronização do que para a ampliação em si. Em alguns casos, como *day trade* a aplicações de renda fixa, a alíquota chega a ser reduzida. Ainda continua a existir uma disparidade entre a tributação da renda decorrente do trabalho e a decorrente do capital.

É importante que no âmago da discussão sobre alterar a matriz tributária se pensem em medidas voltadas para o combate da regressividade e da realização do princípio da dignidade da pessoa humana. Embora algumas medidas voltadas para a progressividade tenham sido apresentadas, as mesmas ainda se mostram tímidas e insuficientes.

CONCLUSÃO

A regressividade é o efeito da tributação que não atende aos princípios básicos da justiça fiscal, e se caracteriza pela situação em que os tributos recaem de forma preponderante sobre os mais pobres, desrespeitando o princípio da capacidade contributiva e da isonomia material.

Normalmente está voltado para a escolha da política fiscal do Estado, o qual opta por concentrar sua tributação em tributos sobre o consumo, tributando pouco a renda e o patrimônio.

É um problema existente na tributação brasileira (quase metade da arrecadação tributária advém dos tributos sobre o consumo), a qual influencia diretamente nas questões da desigualdade e na concretização de direitos humanos básicos, com especial atenção para a dignidade da pessoa humana e ao mínimo existencial.

Na medida em que a população menos favorecida economicamente é tributada em desconformidade a sua capacidade econômica, comprometendo-se um percentual alto de sua renda no pagamento de tributos, outras necessidades básicas são deixadas de lado, tais como:

moradia, alimentação, vestuário, educação, saúde, dentre outras. Dessa forma, o mínimo existencial fica comprometido, assim como a dignidade da pessoa humana.

Em razão do reconhecimento da situação acima descrita, analisou-se brevemente as propostas de reforma tributária até então em discussão, com o objetivo de verificar se as alterações apresentadas trazem opções voltadas para o combate da regressividade.

As medidas propostas apresentam diversos benefícios, os quais não são contestados. Todavia, são benefícios sutis em relação aos problemas encontrados na atualidade. A principal preocupação está com a simplificação da tributação e não com a regressividade do sistema tributário. No que tange a esta, o mais próximo até então falado é o princípio da seletividade, que é insuficiente para alterar uma estrutura regressiva.

Desonerar os produtos da cesta básica é uma boa medida no que se refere ao acesso à alimentação. Mas a alimentação não é a única necessidade básica de um cidadão. Quando se utiliza de uma medida como essa como justificativa para beneficiar a classe mais baixa, faz-se uma minimização do problema e ainda, coloca-se as classes mais baixas como consumidoras de tipos específicos de produtos, limitando seu poder de escolha e suas opções.

É necessário ampliar a esfera de aplicação da reforma tributária, para que ela possa compreender uma alteração mais completa. Outros temas devem ser debatidos e inseridos para discussão, tais como a redução da tributação sobre o consumo de uma forma geral e o aumento da tributação sobre o patrimônio e a renda.

Em especial, destaca-se a necessidade de alteração da sistemática do imposto de renda, no que tange aos benefícios fiscais voltados à tributação sobre o rendimento do capital e ampliação da tributação dos impostos sobre o patrimônio.

REFERÊNCIAS

ARAÚJO, Erika. *Carga Tributária: Evolução Histórica - Uma Tendência Crescente*. 2001. SECRETARIA PARA ASSUNTOS FISCAIS - SF nº 29 – julho 2001. Disponível em: <www.bndes.gov.br/SiteBNDES/export/sites/default/bndes_pt/Galerias/Arquivos/conhecimento/informesf/inf_29.pdf>. Acesso em 18 nov. 2017.

BRASIL. Instituto de Pesquisa Econômica Aplicada (IPEA). *Receita pública: quem paga e como se gasta no Brasil*. Brasília, 2009. Disponível em: <http://ipea.gov.br/agencia/images/stories/PDFs/comunicado/090630_comunicadoipea22.pdf.>Acesso em 16 abr. 2016.

————. RECEITA FEDERAL. *Carga tributária no Brasil 2018. Análise por tributos e base de incidência*. Brasília, 2020. Disponível em: https://receita.economia.gov.br/dados/receitadata/estudos-e-tributarios-e-aduaneiros/estudos-e-estatisticas/carga-tributaria-no-brasil/ctb-2018-publicacao-v5.pdf Acesso em 09.01.2021

BUFFON, Marciano. Tributação e dignidade da pessoa humana: entre os direitos e deveres fundamentais. Porto Alegre: Livraria do advogado, 2009.

DOWBOR, Ladislau. Entender a desigualdade: reflexões sobre o capital no século XXI. In: BAVA, Silvio Caccia (Org.) Thomas Piketty e o segredo dos ricos. Tradução: Equipe Le Monde Diplomatique Brasil. São Paulo: Veneta, 2014.

DWORKIN, Ronald. *Uma questão de princípio*. Tradução Luís Carlos Borges. São Paulo: Martins Fontes, 2000.

FARIA, Luíza Cristina de Castro. TEIXEIRA, Bruno Lima. O atual modelo de cobrança do Imposto de Renda: uma análise sobre a perpetuação de desigualdade social no Brasil. *In:* CIÊNCIAS SOCIAIS EM ABORDAGENS MÚLTIPLAS. Desigualdades persistentes e políticas afirmativas no horizonte de incertezas. Aloisio Ruscheinsky (Organizador). Porto Alegre:CirKula, 2020.

Instituto Brasileiro de Planejamento e Tributação (IBPT). *Estudo população que recebe até 3 salários mínimos é a que mais gera arrecadação de tributos para o país*. Disponível em < https://ibpt.com.br/populacao-que-recebe-ate-tres-salarios-minimos-e-a-que-mais-gera-arrecadacao-de-tributos-no-pais/ >. Acesso em 09/01/2021.

MAZZA, Willame Parente. *Estado e constituição: crise financeira, política fiscal e direitos fundamentais*. Rio de janeiro: Lumen Juris, 2017.

MELO, Luciana Grassano de Gouvêa. Justiça fiscal: estudos críticos de problemas atuais. Belo Horizonte: Letramento, 2020.

NUNES, Cleucio Santos. Justiça e equidade nas estruturas endógena e exógena da matriz tributária brasileira. 2016. 396 fls. Tese (Doutorado em Direito) – Universidade de Brasília-UnB, Brasília, 2016.

OLIVEIRA, Ludmila Mara Monteiro de. Justiça tributária global. Realidade, promessa e utopia. Belo Horizonte: Letramento, 2019.

ROHENKOHL, Marcelo Saldanha. O princípio da capacidade contributiva no Estado democrático de Direito. São Paulo: Quartier Latin, 2007.

PIKETTY, Thomas. *O capital no século XXI*. Tradução Monica Baumgarten de Bolle. Editora Intrínseca: Rio de Janeiro, 2014.

ZOCKUN, Maria Helena. Equidade na tributação. In: AFONSO, J.R. [et.al]... (org.). Tributação e desigualdade. Belo Horizonte (MG): Letramento, 2017.

RENDA MÍNIMA UNIVERSAL COMO INSTRUMENTO PARA A REDUÇÃO DA DESIGUALDADE DE GÊNERO E RAÇA NO BRASIL

Danielle Victor Ambrosano[1]

SUMÁRIO: 1. Introdução ||| 2. Políticas públicas de direitos humanos e justiça ||| 3. Renda mínima universal. O que é? ||| 4. Renda mínima como instrumento para redução da desigualdade de gênero e raça no Brasil ||| 4.1. A situação da mulher negra na pandemia ||| 4.2. A concessão do auxílio emergencial em tempos de pandemia ||| 4.3. Renda mínima universal e justiça fiscal interseccional de gênero ||| 5. Considerações finais ||| Referências

Resumo: A crise sanitária provocada pela COVID-19 e a instituição do auxílio emergencial pelo governo federal brasileiro, previsto na lei nº 13.982, de 2 de abril de 2020 para fazer frente às mazelas sociais causadas pela pandemia, fez com que as discussões sobre a possibilidade de instituição de um programa de renda mínima universal voltassem a permear os debates políticos e acadêmicos no país, com maior intensidade. Considerando que a referida política pública de distribuição de renda beneficiou sobremaneira mulheres negras, gravemente atingidas pela pandemia, o presente artigo tem por objetivo analisar criticamente os benefícios da medida levada a efeito no Brasil, sob o ponto de vista social e econômico e, a partir dessa experiência, analisar em que medida a

---

1 Advogada. Graduada em Direito pela Pontifícia Universidade Católica de Minas Gerais. Pós-graduada em Direito Tributário pelo Instituto Brasileiro de Estudos Tributários – IBET. L.L.M em Direito Tributário pela PUC-Minas. Mestra em Direito pela Universidade Federal de Pernambuco - UFPE.

concessão de uma renda mínima, oferecida a todos os cidadãos, cumpriria com os desígnios de justiça fiscal com viés interseccional de gênero.

Palavras-chaves: Direitos Humanos; Políticas Públicas e Desigualdade de Gênero e Raça

Abstract: The health crisis caused by COVID-19 and the institution of an Emergency Aid by the Brazilian Federal Government, provided for in Law No. 13,982, of April 2, 2020, to deal with the social troubles caused by the pandemic, once again, made discussions about the possibility of institution of a universal minimum income program permeate political and academic debates in the country, with greater intensity. Once the Emergency Aid has greatly benefited black women, severely affected by the pandemic, this article aims to critically analyze the benefits of the measure carried out in Brazil, from the social and economic point of view and, from this experience, analyze the extent to which the granting of a minimum income, offered to all citizens, would comply with fiscal justice with an intersectional gender bias.

Keywords: Human Rights; Public Policies and Gender and Race Inequality

1. INTRODUÇÃO

O presente artigo tem como objetivo analisar em que medida a instituição de uma renda mínima universal, oferecida a todos os cidadãos, cumpre com os desígnios de justiça fiscal, com viés interseccional de gênero.

Inicialmente, serão apresentadas algumas notas introdutórias sobre políticas públicas de direitos humanos e a visão crítica de Nancy Fraser sobre justiça, através do dilema da redistribuição e do reconhecimento.

Após, será esclarecido o que é um programa de renda mínima universal e seus benefícios para os mais pobres, alinhado com a experiência recente de adoção, no Brasil, do auxílio emergencial pago a famílias de baixa renda durante um certo período da pandemia de COVID-19, programa este que teve mulheres negras como uma das suas maiores beneficiárias.

Por fim, serão apresentados alguns argumentos para que a renda mínima universal seja tratada como uma política pública de direitos humanos com viés implícito de gênero e raça, devendo ser pensada juntamente com uma reforma tributária, que busque tornar a tributação no Brasil menos regressiva e, portanto, mais justa e solidária.

2. POLÍTICAS PÚBLICAS DE DIREITOS HUMANOS E JUSTIÇA

A concepção atual de direitos humanos advém da Declaração Universal dos Direitos do Homem de 1948, que teve como referência a Revolução Francesa de 1789, fundada nos princípios de igualdade, liberdade e fraternidade. Nesta concepção, dá-se ênfase ao seu caráter universal, indivisível e interdependente, que conjuga o discurso liberal e o discurso social da cidadania, ao agregar os valores de liberdade e igualdade (PIOVESAN, 2005).

Com a afirmação de uma nova concepção de direitos humanos como um conjunto de direitos universais e indissociáveis, estes passaram a ser definidos não somente em constituições e leis nacionais, mas também a representar obrigações assumidas em tratados internacionais, formando uma rede internacional de proteção de direitos.

No Brasil, desde a alteração trazida pela Emenda Constitucional (EC) nº 45/2004 (BRASIL, 2021), os tratados e convenções internacionais sobre direitos humanos aprovados pelo Congresso Nacional, em dois turnos, por três quintos dos votos dos respectivos membros, passaram a ter força de emendas constitucionais. Isso significa que foi conferido *status* constitucional a esses tratados ratificados pelo Brasil, que passaram a sobrepor qualquer legislação interna que eventualmente viessem a contrapô-los.

A alteração realizada pela EC nº 45/2004 coaduna-se com a importância dada a essa classe de direitos pelo art. 4º, inciso II do texto constitucional, segundo o qual, no que se refere ao trato das relações internacionais assumidas pelo Brasil, haverá sempre a prevalência pelos direitos humanos.

Os direitos humanos estão em constante mutação, pois são direitos inerentes à própria condição de existência da pessoa humana, que também é mutável e objeto de constantes construções históricas. Esses direitos aparecem como produto de incessantes lutas por reconhecimento e conquistas sociais.

Por direitos humanos, dessa forma, deve ser entendido não somente direitos civis e políticos, como também direitos sociais, econômicos, culturais, ambientais, sexuais e reprodutivos (CICONELLO, 2016).

Políticas públicas de direitos humanos, por sua vez, são ações e decisões tomadas pelo poder público com vistas a garantir a promoção dos direitos humanos e, por isso, estão estritamente ligadas à garantia do direito a uma existência digna, à vida, à saúde, à educação, à justiça e ao reconhecimento dos cidadãos enquanto sujeitos de direitos, dotados de diferenças.

Sabe-se que os cidadãos não são entes homogêneos e opressões sociais como o racismo, sexismo e xenofobia alimentam processos de exclusão que fazem com que determinados sujeitos deixem de ser reconhecidos enquanto tais. Desse modo, as políticas públicas de direitos humanos também têm o papel de identificar quais são essas estruturas de exclusão e, a partir disso, criar mecanismos para neutralizar os seus efeitos.

No que refere ao direito ao reconhecimento, importante a teoria crítica apresentada por Nancy Fraser, acerca de um novo conceito de justiça, a partir do dilema reconhecimento e redistribuição (FRASER, 2006). Fraser busca ponderar o entrelaçamento entre o direito ao reconhecimento cultural e à igualdade econômico-social, nos propondo analisar a justiça não somente em contraposição a uma injustiça econômica isolada ou somente em contraposição a uma injustiça relativa aos padrões sociais de representação. O objetivo de Fraser seria nos propor a analisar a justiça em contraposição a essas duas formas de injustiças, que devem se relacionar de modo sustentável, ou seja, de forma que a busca por reconhecimento e por redistribuição não se anulem mutuamente, o que pode ocorrer em relação às categorias ou grupos bivalentes, que necessitam tanto de reconhecimento quanto de redistribuição.

Gênero e raça, por exemplo, representam o que Fraser chama de categorias bivalentes, pois necessitam tanto de reconhecimento enquanto grupo, do ponto de vista cultural, quanto necessitam de redistribuição, como forma de afastar as diferenças de renda e alcançar a igualdade político-econômica. A redistribuição requer o afastamento da lógica de grupos, para que seja obtida, o tanto quanto possível, uma igualdade na distribuição das riquezas, enquanto o reconhecimento requer a reafirmação cultural do grupo enquanto seres dotados de diferenças. É a partir dessa relação de aparente dicotomia (dilema redistribuição-reconhecimento) que Fraser chama a atenção para uma nova teoria de justiça, que busca socorrer categorias bivalentes que necessitam garantir tanto a justiça por meio da redistribuição quanto por meio do reconhecimento.

O referido dilema reconhecimento-redistribuição poderia ser solucionado, segundo Fraser, a partir de remédios transformativos. Fraser sugere isso, mas não encerra de vez a discussão.

Os remédios transformativos seriam aqueles que viriam a corrigir efeitos desiguais por meio da remodelação de toda a estrutura que gera tais efeitos, visando reduzir a desigualdade social, mas sem estigmatizar pessoas vulneráveis como beneficiárias de uma generosidade especial e, por isso, tenderiam a promover reciprocidade e solidariedade nas relações de reconhecimento.

Faz-se importante para o presente artigo a crítica de Fraser, na medida em que será analisada a instituição de uma política pública de renda mínima universal, que poderia ser pensada como um remédio transformativo dissociado da lógica comum de redistribuição de riquezas, tendo efeitos sobremaneira especiais para assegurar a melhoria das condições de vida de mulheres negras, marcadas pela ambivalência descrita pela autora.

Tal medida poderia assegurar-lhes a garantia do direito a uma vida digna, bem como o seu reconhecimento enquanto grupo/sujeito de direitos, dissociado da lógica cultural androcêntrica e do estigma da pobreza que as cercam.

3. RENDA MÍNIMA UNIVERSAL. O QUE É?

A renda mínima universal ou renda básica universal é uma política pública de transferência de renda contínua e regular, dada de forma incondicional a todos os cidadãos, sem quaisquer distinções e garantida pelo Estado. Está intimamente ligada ao conceito de dignidade mínima e, por isso, reflete uma política pública de direitos humanos.

Os primeiros escritos sobre o tema vieram de Thomas More, no livro denominado Utopia, de 1516. A partir do diálogo entre personagens sobre a ineficácia da pena de morte para a diminuição da criminalidade, sobressai o conceito de renda básica. A ideia trazida por More, em brevíssima síntese, seria a de que se os ladrões condenados tivessem renda para a sua subsistência, não precisariam praticar crimes e, a partir disso, não seriam condenados à pena capital (MORE, 2004).

Conforme narrado por BREGMAN (2018), o Presidente Richard Nixon, em 1969, esteve prestes a colocar em prática uma política de renda básica universal nos Estados Unidos, entretanto foi impedido por um relatório apresentado por seu conselheiro, Martin Anderson, que se opunha veementemente ao plano. Em seu relatório, Anderson apresentava as terríveis conclusões do clássico sociólogo Karl Polanyi sobre um sistema denominado *Speenhamland*, introduzido na Inglaterra, que se assemelhava em tudo à renda básica. Segundo o sociólogo, que foi reproduzido por Anderson em seu relatório, o sistema afetava as bases do capitalismo, na medida em que os pobres passavam a ficar cada vez mais indolentes, afetando sua produtividade e o seu trabalho.

Nixon mudou os rumos do seu projeto, propondo que para ter acesso à renda básica seria necessário registrar-se no Departamento do Trabalho, o que acabou jogando toda a opinião pública contra projeto que encampava o estereótipo do pobre preguiçoso.

Entretanto, mais de 150 anos depois, observou-se que a experiência de *Speenhamland* havia sido um sucesso e talvez se Nixon tivesse levado adiante o seu programa nos Estados Unidos, uma das maiores potências econômicas do mundo, o referido programa de assistência pública não seria mais visto como demagogia para auxiliar preguiçosos e oportunistas pobres (BREGMAN, 2018).

No Brasil, a renda básica universal vem sendo há muito debatida pelo político Eduardo Suplicy, que durante a década de 1960 e 1970 defendia a perspectiva de renda básica por meio da instituição de um imposto de renda negativo, de origem liberal. Milton Friedman popularizou a defesa do imposto de renda negativo como o instrumento mais eficiente no combate à pobreza (SUPLICY et al, 1997)

Na proposta do imposto negativo, a concessão do auxílio é ligada à renda realizada a partir do trabalho, de modo a justificar a concessão do benefício sem qualquer estímulo ao ócio, mas sim um estímulo ao trabalho.

Nesse sentido, seria fixada uma linha de pobreza e os indivíduos que estivessem acima dela pagariam imposto, ao passo que os que estivessem abaixo receberiam uma renda mínima complementar a sua renda decorrente do trabalho. Até a faixa limítrofe ao recebimento do complemento, quando maior a renda bruta, maior seria o complemento, fixado como um percentual sobre a renda bruta.

Sob o ponto de vista liberal, esse mecanismo de proteção social minimizaria as restrições ao livre funcionamento do mercado, pois não afetaria os custos de mão de obra e manteria um incentivo monetária ao trabalho.

Em abril de 1991, Eduardo Suplicy submeteu ao Senado Federal Brasileiro uma proposta para a introdução do Programa de Garantia de Renda Mínima (PGRM), que consistia na ideia do Imposto de Renda Negativo. Nesse sentido, toda pessoa com 25 anos ou cuja renda mensal estivesse abaixo de cerca de R$ 240,00 teria o direito a receber um complemento de renda igual a 30% da diferença entre aquele patamar e a sua renda (SUPLICY et al, 1997).

Posteriormente, as ideias de Suplicy foram direcionadas para uma forma mais humanista de distribuição de renda, chamada Renda Básica de Cidadania, universal e incondicional. Segundo essa concepção, todas as pessoas, independentemente de suas condições sociais e econômicas teriam direito a receber uma renda suficiente para atender às suas necessidades vitais.

O conceito de renda básica pode ser extraído das lições de Philippe Van Parijs (2000), economista político belga, no sentido de ser *uma renda paga por uma comunidade política a todos os seus membros individualmente, independentemente de sua situação financeira ou exigência de trabalho.* Essa renda básica seria paga em dinheiro, de forma regular, pelo Estado com recursos públicos, vinculados ou não.

Poder-se-ia vincular o pagamento de uma renda básica à instituição de uma nova espécie tributária, como "impostos Tobin", incidentes sobre movimentações financeiras internacionais de caráter especulativo ou a partir do fim de determinadas isenções, que no Brasil poderia se dar com a revogação da isenção do IRPF sobre lucros e dividendos, que acirra a desigualdade social e a regressividade do sistema tributário.

É importante repisar que a renda básica é paga de forma universal, seja para ricos ou pobres. Entretanto, como esclarece Philippe Van Parijs (2000), desse fato não decorre que os ricos se tornariam ainda mais ricos pela concessão do benefício, porque este precisa ser financiado e, nesse sentido, os ricos precisariam contribuir mais.

Por isso mesmo, na maioria das vezes, uma proposta de renda básica deve vir combinada com a extinção de benefícios fiscais e a elevação de tributos ou medidas que tornem a tributação mais progressiva.

É muito importante comentar que a universalização, além de ajudar a atingir mais pessoas pobres, já que a burocracia tende a ser menor pela ausência de pressupostos, retira o estigma de assistencialismo do benefício, reservado aos necessitados que são incapazes de promover a sua própria subsistência, bem como a ideia de que tal benefício viria apenas para promover o ócio e a preguiça dos mais pobres, afinal, todos o receberiam. A concessão universal possui um caráter humanizante, já que o recebimento do benefício estará atrelado unicamente a uma questão de cidadania.

Laura Carvalho (WESTIN, 2020) aponta benefícios da renda básica, sob um outro ângulo:

> Quando o trabalhador conta com uma renda básica generosa, ele ganha poder de barganha e, num mercado de trabalho precário, consegue recusar empregos indignos. A renda básica também permite que as pessoas se dediquem a atividades que não são mercantis, como serviços comunitários e trabalhos artísticos. Jovens artistas que estão começando a carreira, por exemplo, não se veem forçados a partir para o mercado de trabalho convencional.

No mesmo sentido, Lena Lavinas (2018) esclarece que o benefício viria a desmistificar a força do trabalho, na medida em que daria maior liberdade aos cidadãos para praticar outras atividades diferentes do que somente trabalhar 8h por dia/40h semanais. A liberdade traria também qualidade de vida.

A automação do trabalho, cada dia mais presente na modernidade, faz com que a ideia de renda básica universal ressurja com força e se torne ainda mais relevante, pois de fato, num futuro próximo, não haverá trabalho para todos e o Estado terá o dever de intervir para garantir a vida digna de seus cidadãos.

Uma das experiências internacionais mais interessantes e muito citada quando se fala em renda básica é a do benefício concedido no Alasca. Neste Estado, todos os residentes recebem um pagamento anual oriundo de impostos da exploração do petróleo, sendo que o valor varia de acordo com a arrecadação. Em 2008, quando estava no auge a extração petrolífera, cada cidadão recebeu US$ 3,3 mil (WESTIN, 2020). Desde a instituição desse benefício, o Estado passou a ser considerado um dos mais igualitários dos Estados Unidos.

A Renda Básica de Cidadania já foi instituída no Brasil pela Lei nº 10.835/2004. Na referida Lei é previsto que, a partir de 2005, a renda básica de cidadania, consistente no direito de todos os brasileiros residentes no País e estrangeiros residentes há pelo menos 5 (cinco) anos, receberem, anualmente, um benefício monetário, não importando sua condição socioeconômica.

O benefício seria pago em valor igual e em parcelas mensais para todos e num montante suficiente para atender às despesas mínimas de cada pessoa com alimentação, educação e saúde, considerando para isso o grau de desenvolvimento do País e as possibilidades orçamentárias.

Nesse caso, a própria legislação previa que o benefício monetário seria considerado como renda não-tributável para fins de incidência do Imposto sobre a Renda de Pessoas Físicas.

O valor seria definido pelo Poder Executivo, em estrita observância à Lei de Responsabilidade Fiscal, sendo que a partir do exercício financeiro de 2005 os projetos de lei relativos aos planos plurianuais e às diretrizes orçamentárias deveriam especificar os cancelamentos e as transferências de despesas, bem como outras medidas julgadas necessárias à execução do Programa. Entretanto, por falta de maior regulamentação da lei, até o presente momento o benefício não foi implementado no Brasil.

No âmbito municipal, chama atenção o exemplo da cidade de Maricá, no Rio de Janeiro. O referido município instituiu o programa de renda básica de cidadania, a partir da distribuição de royalties do petróleo, para pessoas que recebem até 3 salários mínimos por mês. Apesar de não ser um programa de distribuição universal de renda, os impactos positivos para a vida econômica e social da cidade já foram verificados, a partir de pesquisas realizadas por institutos internacionais, como o Jain Family Institute (2020).

4. RENDA MÍNIMA COMO INSTRUMENTO PARA REDUÇÃO DA DESIGUALDADE DE GÊNERO E RAÇA NO BRASIL

4.1. A SITUAÇÃO DA MULHER NEGRA NA PANDEMIA

A COVID-19, ao contrário do que muito se falou no início de sua disseminação, não é um vírus democrático. A população negra foi a que mais sofreu os efeitos da pandemia, sendo as taxas de mortes mais expressivas do que a morte da população branca.

Segundo dados do Ministério da Saúde, divulgados em 18 de maio de 2020, em 4 semanas as mortes de negros e pardos pela COVID-19 passou de 32,8% para 54,8%, o que se deve a diversas condicionantes como a falta de acesso a serviços básicos de saúde e a existência pretérita de comorbidades (diabetes, tuberculose, hipertensão, etc).

Além disso, pesquisa recente apresentada pelo IBGE (SALANI, 2020) indica que mulheres e negros (pretos e pardos) são as maiores vítimas do desemprego no país, em tempos de pandemia. A ocupação no trabalho informal, especialmente no trabalho doméstico, se apresenta como um ponto relevante quando verificada a maior exposição de mulheres negras ao risco de contágio do vírus, na medida em que estas não puderam seguir o isolamento social recomendado oficialmente pela OMS como forma de mitigar o contágio da doença.

Segundo a Organização Internacional do Trabalho, o Brasil reúne a maior quantidade de trabalhadores domésticos no mundo. Atualmente, este número representa cerca de 6 milhões de trabalhadores, conforme indicam os dados da PNAD Contínua, divulgada em maio de 2020. A maioria do sexo feminino (92%) e negra (67%).

Os determinantes da letalidade da população negra são diversos. O racismo estrutural, a necropolítica adotada pelo governo federal e a falta de políticas públicas efetivas para mitigar os efeitos da pandemia são fatores que continuam a situar mulheres negras à margem dos direitos.

4.2. A CONCESSÃO DO AUXÍLIO EMERGENCIAL EM TEMPOS DE PANDEMIA

Em virtude da pandemia de COVID-19, foi aprovada no Brasil a lei que garante renda mínima para aqueles afetados pela crise econômica e sanitária, preenchidos os requisitos legais. Trata-se do auxílio emergencial instituído por meio da lei nº 13.982, de 2 de abril de 2020.

De acordo com a referida lei, o auxílio emergencial, de caráter temporário, seria disponibilizado aos cidadãos que cumprissem certos requisitos e teria o valor de R$ 600,00 (seiscentos reais) mensais. Entre esses requisitos, destaca-se: i) ser maior de 18 (dezoito) anos de idade; ii) não ter emprego formal ativo; iii) não ser titular de benefício previdenciário ou assistencial ou beneficiário do seguro-desemprego ou de programa de transferência de renda federal, ressalvado o Bolsa Família; iv) ter renda familiar mensal per capita seja de até meio salário-mínimo ou a renda familiar mensal total de até 3 (três) salários mínimos.

O recebimento do auxílio emergencial estaria limitado a 2 (dois) membros da mesma família, sendo que a mulher provedora de família monoparental teria direito a receber 2 (duas) cotas do auxílio.

Conforme demonstrado no tópico anterior, a pandemia de COVID-19 afetou de maneira muito mais gravosa as mulheres negras, e por várias razões. O baixo acesso a moradias dignas, a saneamento básico e a ocupação com trabalhos formais, fez com que a chegada do vírus deixasse essa situação de vulnerabilidade ainda mais acentuada.

Em pesquisa realizada pelo Instituto Identidades do Brasil (IDBR, 2020) verificou-se que 30% das empreendedoras negras passaram a ter o auxílio emergencial como principal fonte de renda. Segundo dados da pesquisa, que foi realizada entre os dias 17 e 21 de julho de 2020, entre as empreendedoras negras, a maioria (41%) vive do retorno da sua produção ou serviço e 30% vivem do auxílio emergencial. Veja-se que, trabalhando por conta própria, sem direito a benefícios sociais e trabalhistas, com a queda abrupta no mercado, essas mulheres não tiveram alternativa senão recorrem ao auxílio ofertado pelo Estado.

Em junho de 2020, mais de 4,2 milhões de mulheres negras saíram da extrema pobreza com o auxílio emergencial, se comparado com os dados de 2019, de acordo com dados apresentados pelo economista Daniel Duque, da FGV IBRE (DUQUE, 2020). O pesquisador comparou a PNAD Covid com o primeiro trimestre de 2019 da PNAD Contínua.

O economista também demonstrou que a renda dos 40% mais pobres registrou um grande crescimento, chegando a 200% entre os mais pobres, enquanto a dos demais caiu. Excluindo o auxílio emergencial, a renda de todos teria caído, sendo que mais intensamente entre os mais pobres. A importância do auxílio emergencial para a redução da pobreza é notória.

Além disso, foi indicado por este pesquisador que o fim do auxílio emergencial terá grande impacto sobre a massa de rendimentos, pobreza e desigualdade em 2021.

Ou seja, tem-se uma experiência muito importante realizada durante a pandemia, que socorreu milhares de famílias no Brasil, especialmente mulheres negras chefes de família. Este programa precisa ser repensado de forma séria como uma política pública permanente, da forma como implementado, ou por meio da sua transição para um programa ainda maior, de renda básica universal, que atingiria um contingente muito mais expressivo de beneficiários.

Entretanto, há uma importante crítica a ser feira sobre o programa. Grande parte das pessoas que são ou deveriam ser beneficiadas pelo auxílio emergencial fazem parte do grupo dos chamados excluídos digitais, pessoas que são vítimas da falta de políticas públicas que viabilizem o acesso da população aos meios digitais. Essa exclusão digital dificulta o acesso ao recebimento do benefício, que necessita de cadastramento prévio para parte dos beneficiários, pela internet. Infelizmente num país como o Brasil, de desigualdades econômicas e sociais abissais, criar mecanismos de controle que marginalizem ainda mais determinados grupos representa perpetuar uma situação de violência e vulnerabilidade que não pode ser admitida.

4.3. RENDA MÍNIMA UNIVERSAL E JUSTIÇA FISCAL INTERSECCIONAL DE GÊNERO

A experiência positiva do auxílio emergencial fez ressurgir discussões em torno da viabilidade de instituição de um programa de renda mínima ou renda básica universal no país. Como visto, esse programa já existe legalmente, mas não foi implementado por falta de regulamentação específica para tanto.

Por certo, questões de orçamento e finanças públicas devem ser enfrentadas para que o programa saia do papel. Além disso, uma forte barreira à sua implementação está representada na política de austeridade fiscal adotada pelo governo atual[2], somada à Emenda Constitucional nº 95 (Emenda do Teto dos Gastos), que congelou gastos sociais por até 20 anos.

Em julho de 2020, foi criada uma Frente Parlamentar Mista em Defesa da Renda Básica, que contou com a adesão de 217 deputados e senadores, além de entidades da sociedade civil. A ideia trazida pela frente parlamentar, que deve ser debatida no parlamento, seria a de uma transição do auxílio emergencial para um programa de renda básica de cidadania, garantida a todos os brasileiros.

Contudo, além das discussões presentes na academia e no parlamento sobre o tema, o objetivo desse artigo é o de lançar luzes sobre a importância de um programa de renda básica universal, em termos de justiça fiscal, especialmente se considerados recortes de gênero e raça.

Pode parecer estranha a afirmação acerca da relação entre a implementação de uma renda básica universal e uma política fiscal com viés interseccional de gênero, já que a primeira viria a socorrer a toda a camada pobre da população, e não somente mulheres negras. Entretanto, se analisarmos detidamente os benefícios do instituto, o viés implícito de gênero e raça pode ser depreendido.

Como visto, mulheres negras foram especialmente beneficiadas pelo auxílio emergencial pago pelo governo federal, o que ocorreu pelos

---

2 Basta lembrar da aprovação da Emenda do Teto dos Gastos (EC nº 95), que efetivamente congelou gastos públicos com educação e saúde

diversos motivos já citados, resumidos no fato de as mulheres negras estarem, há anos, situadas na base na pirâmide social.

Pois bem. Quando é oferecido um benefício de renda mínima pelo governo de forma universal, os mais beneficiados, em termos proporcionais, serão aqueles que se encontram nas camadas mais baixas da pirâmide social. Assim, as mudanças nas condições de vida das mulheres negras, que permeiam de forma intensa essa base, serão maiores do que se comparada à mudança de vida da população de classe média / alta, que receberia o mesmo valor, especialmente porque uma renda mínima universal teria condições de retirar mulheres negras da linha da pobreza e da extrema pobreza. Essa "ascensão" social resguardaria o direito a uma vida digna, proporcionaria o acesso a melhores condições de moradia, educação e até mesmo ao mercado de trabalho.

Para que tal diferença de impacto seja ainda maior, também se faria necessário garantir que essa renda básica, quando recebida por cidadãos de maior renda, fosse tributada, para que os recursos possam voltar ao Estado em forma de tributos e, posteriormente, à população de baixa renda por meio de serviços públicos. Ressalte-se que, além da necessária revisão nas faixas de alíquotas do imposto de renda da pessoa física, que desde 2015 não é revista, também seria muito importante repensar a regressividade de todo o sistema tributário brasileiro.

A tributação excessiva sobre o consumo, que marca essa regressividade, precisa urgentemente ser reformulada, juntamente com uma maior progressividade da tributação sobre a renda e sobre o patrimônio, que hoje é muito baixa no país, se comparada com padrões internacionais da OCDE. A mudança então precisa ser global, para que o benefício cumpra com os seus verdadeiros desígnios.

Além disso, do ponto de vista social e de justiça, a universalidade da medida também é relevante, com base no que foi dito acerca da teoria crítica de Nancy Fraser. Retomemos o dilema redistribuição e reconhecimento.

A redistribuição seria alcançada com base no que foi dito anteriormente, pois o programa, em si mesmo, tem o objetivo precípuo de distribuir renda. O reconhecimento, por sua vez, viria do fato de o benefício, conferido a todos, quebrar o estigma de mulheres negras como recebedoras de esmolas públicas, que não conseguem cuidar e manter suas próprias vidas, estigma esse que pesa sobre a classe pobre no Brasil, especialmente sobre mulheres negras que são atingidas por diversas vias de opressão como o racismo, sexismo e classe.

Dessa forma, o oferecimento de uma renda mínima universal a todos os cidadãos poderia vir a reafirmar as mulheres negras como sujeitos de direitos, assim como todos os demais cidadãos do país, proporcionando, além de uma dignidade de vida, uma dignidade cultural de reconhecimento destas, enquanto grupo social.

5. CONSIDERAÇÕES FINAIS

Como retratado anteriormente, há um grande desafio a ser enfrentado para que políticas públicas no país, especialmente voltadas à garantia de direitos humanos, saiam do papel, diante dos graves retrocessos legais e programáticos que vivenciamos nos últimos tempos, que aprofundam a desigualdade, a violência e a discriminação, principalmente em relação a grupos vulnerabilizados, como ocorre com mulheres negras.

A instituição de uma renda mínima universal é tema muito importante e precisa ser repensada pelo parlamento, dados os seus benefícios, a exemplo do ocorrido com o auxílio emergencial. Mas essa instituição deve ser pensada de forma ampla, em conjunto com uma reforma tributária efetivamente justa e solidária, que se atente para os princípios da progressividade e capacidade contributiva, corolários da igualdade, presentes na Constituição Federal de 1988.

Pensar em uma renda básica universal é pensar em uma política pública com viés implícito de gênero e raça, na medida em que medidas como essa podem beneficiar mulheres negras de forma muito expressiva e ainda garantir a promoção da igualdade e o combate a todas as formas de discriminação e opressão.

REFERÊNCIAS

BRASIL. *Constituição da República Federativa do Brasil de 1988.* Disponível em: http://www.planalto.gov.br/ccivil_03/constituicao/constituição.htm. Acesso em: 02 de jan. 2021.

BRASIL, INSTITUTO IDENTIDADES DO. *Segunda fase da Pesquisa "Saúde financeira das mulheres negras em tempos de Covid-19.* Disponível em http://simaigualdaderacial.com.br/site/?p=3154 Acesso em 03 de fev. de 2021.

BREGMAN, Rutger. *Utopia para realistas.* Tradução de Leila Couceiro. Rio de Janeiro: Sextante, 2018.

CICONELLO, Alexandre. Políticas Públicas de Direitos Humanos. In *Gestão de políticas públicas de direitos humanos – Coletânea.* Organizadores, Ana Luiza de Menezes Delgado [et al.], Brasília: Enap, 2016.

DUQUE, Daniel. *Uma avaliação do Auxílio Emergencial: Parte 1.* Disponível em https://blogdoibre.fgv.br/posts/uma-avaliacao-do-auxilio-emergencial-parte-1 Acesso em 03 de fev. de 2021.

FRASER, Nancy. Da redistribuição ao reconhecimento? Dilemas da justiça numa era "pós-socialista". Tradução de Júlio Assis Simões. *Cadernos de campo*, São Paulo, n. 14/15, p. 1-382, 2006. Disponível em http://www.revistas.usp.br/cadernosdecampo/article/view/50109/0 Acesso em 29 de jan. 2021

LAVINAS, Lena. *Renda Básica de cidadania: a política social do século XXI?* Lições para o Brasil. Friedrich-Ebert-Stiftung (FES) Brasil. Nov. 2018. Disponível em http://library.fes.de/pdf-files/bueros/brasilien/14964.pdf Acesso em 30 de fev. 2021.

MORE, Thomas. *Utopia.* Tradução: Anah de Melo Franco. Brasília. Ed. Universidade de Brasília: Instituto de Pesquisa de Relações Internacionais, 2004

VAN PARIJS, Philippe. *Renda básica: renda mínima garantida para o século XXI?* Estud. av. São Paulo, v. 14, n. 40, p. 179-210, 2000. Disponível em http://www.scielo.br/scielo.php?script=sci_arttext&pid=S0103-40142000000300017&lng=en&nrm=iso Acesso em 30 de fev. de 2021.

Pesquisa internacional comprova eficiência do programa Renda Básica da Cidadania. Prefeitura de Maricá, 13 de fevereiro de 2020. Disponível em https://www.marica.rj.gov.br/2020/02/13/pesquisa-internacional-comprova-eficiencia-do-programa-renda-basica-da-cidadania/ Acesso em 02 de fev. 2021.

PIOVESAN, Flávia. Ações Afirmativas da Perspectiva dos Direitos Humanos. *Cadernos de Pesquisa*, v. 35, n. 124, p. 43-55, jan./abr. 2005. Disponível em http://publicacoes.fcc.org.br//index.php/cp/article/view/421 acesso em 29 de jan. 2021.

SALANI, Fabiola. Tragedia social: desemprego é maior entre mulheres e negros, aponta IBGE. *Revista Fórum*, 28 ago. 2020. Disponível em: https://

revistaforum.com.br/noticias/tragedia-social-desemprego-e-maior-entremulheres-e-negros-aponta-ibge/. Acesso em: 03 jan. 2021.

SUPLICY, Eduardo Matarazzo; BUARQUE, Cristovam. *Garantia de renda mínima para erradicar a pobreza: o debate e a experiência brasileiros.* Estud. av.,São Paulo, v. 11, n. 30, p. 79-93, 1997. Disponível em http://www.scielo.br/scielo.php?script=sci_arttext&pid=S0103-40141997000200007&lng=en&nrm=iso Acesso em 02 de fev. de 2021.

WESTIN, Ricardo. *Pandemia força Brasil a discutir adoção de renda básica de cidadania.* Agência Senado. Julho, 2020. Disponível em https://www12.senado.leg.br/noticias/infomaterias/2020/07/pandemia-forca-brasil-a-discutir-adocao-da-renda-basica-de-cidadania#:~:text=No%20estado%20americano%2C%20todos%20os,5%20mil%20no%20c%C3%A2mbio%20atual Acesso em 02 de fev. de 2021.

"*TAXAR FORTUNAS PARA SALVAR VIDAS*": A PAUTA DOS MOVIMENTOS POPULARES POR UMA REFORMA TRIBUTÁRIA JUSTA E SOLIDÁRIA

Maria Paula Gusmão Costa Pereira[1]

SUMÁRIO: Introdução: a crise sanitária e o papel do Estado ||| A incorporação da reforma tributária na agenda de luta dos movimentos sociais ||| Principais propostas dos movimentos sociais para uma reforma tributária justa e solidária e sua pertinência em face dos direitos humanos ||| Considerações finais: contribuições para um diálogo entre tributação, direitos humanos e Estado Social ||| Referências

Resumo: Os desafios colocados pela pandemia do coronavírus trouxeram para o centro da agenda política a demanda por uma atuação estatal positiva e a discussão sobre o financiamento dos gastos públicos que o momento exige. Diante disso, os movimentos sociais passaram a encampar com mais veemência a defesa de uma reforma tributária justa e solidária, por meio de diversas campanhas e iniciativas, aprofundando suas compreensões sobre justiça fiscal, tributação e direitos humanos, e se mobilizam para apresentarem uma pauta concreta de enfrentamento à crise pandêmica e às desigualdades sociais. O presente trabalho pretende analisar a agenda política da sociedade civil para uma reforma tributária e sua possível contribuição para promover os direitos humanos, perquirindo os principais argumentos e propostas, e, ao final, buscando compreender *por que* e *como* os movimentos e organizações populares estão debatendo os rumos de uma reforma tributária orientada pelo viés da justiça fiscal.

---

1 É bacharela em direito pela UFPE, com pós – graduação lato sensu em direito constitucional e administrativo (EPD).

Palavras-chave: Reforma tributária; Movimentos sociais; Direitos Humanos.

Abstract: The challenges settled by the coronavirus pandemic brought to the center of political agenda the demand of a positive state action and the discussion about the financing of public expenses that the situation implies. Therefore, the social organizations had set to defend, with greater vehemence, a more fair and supportive tax reform through various campaigns and initiatives, deepening its comprehensions of fiscal justice, tax and humans rights and have been organized to present a concrete agenda of response to the pandemic crisis and social inequalities. The following paper intents to analyze the civilian political agenda to a tax reform and its contributions to promote human rights, searching the main arguments and proposals and, in the end, aiming to understand *why* and *how* the social and popular organizations are debating the ends of a tax reform guided by the fiscal justice bias.

Keywords: Tax reform; Social organizations; Human Rights.

INTRODUÇÃO: A CRISE SANITÁRIA E O PAPEL DO ESTADO

A crise pandêmica do novo coronavírus trouxe para o centro da agenda política nacional um amplo debate sobre os gastos públicos que o momento exige, demandando uma forte intervenção estatal, e uma oportunidade para rediscutir o financiamento do Estado social e das medidas de enfrentamento à pandemia.

Diante de uma crise sanitária agravada pela crise política e econômica que o Brasil já vivenciava, movimentos e organizações populares passaram a encampar com mais veemência a defesa de uma reforma tributária, destacando-se a unidade em torno da Campanha "*Taxar fortunas para salvar vidas*", lançada pela Frente Brasil Popular e Frente Povo Sem Medo – principais frentes de aglutinação e articulação dos movimentos populares dos setores progressistas.

A proposta, de modo geral, é a reivindicação de uma reforma tributária que aumente proporcionalmente a carga imposta às elites, a fim de favorecer um aumento direto dos investimentos públicos em saúde e proteção social, sobretudo programas de transferência de renda para as camadas vulneráveis (como o auxílio emergencial, por exemplo), proporcionando condições de vida digna para o povo brasileiro.

Nota-se que a sociedade civil organizada vem aprofundando sua compreensão sobre as injustiças da política fiscal brasileira, percebendo seu caráter regressivo e extremamente desigual, tendo em vista que os encargos tributários oneram mais pesadamente a classe trabalhadora, e por isso se mobiliza para apresentar uma pauta concreta, reacendendo o debate direcionado a uma reforma tributária justa e solidária, que seja capaz de combater as desigualdades sociais e econômicas que marcam o país.

Nessa toada, o presente trabalho se propõe a analisar a agenda política discutida pelos movimentos sociais para uma reforma tributária e sua possível contribuição para promover os direitos humanos, reduzir desigualdades, concretizar o princípio da capacidade contributiva e outros objetivos constitucionais, como a justiça social e a solidariedade. Intentar-se-á, pois, compreender os principais argumentos e propostas, buscando entender *por que* e *como* os movimentos e organizações populares estão debatendo os rumos de uma reforma tributária orientada pelo viés da justiça fiscal.

A metodologia utilizada envolverá a técnica de pesquisa bibliográfica, mediante levantamento, leitura e compreensão da literatura pertinente, a fim de fornecer os subsídios necessários e consolidar um suporte teórico adequado, além de se utilizar da pesquisa documental, sobretudo a análise da legislação brasileira.

A investigação conduzida se justifica ante à necessidade concreta e urgente de repensar a política tributária atualmente empreendida no país, sob a perspectiva da justiça fiscal, do combate às desigualdades estruturais e da realização dos direitos humanos. Para um debate verdadeiramente diverso e inclusivo, mostra-se relevante ouvir e entender as propostas e sínteses formuladas no seio da sociedade civil, a fim de enriquecer as discussões desenvolvidas nos âmbitos acadêmico e parlamentar, em especial por dar voz à opinião dos movimentos que atuam precipuamente na defesa dos direitos humanos e que representam a classe trabalhadora e outros segmentos fortemente impactados pela política tributária.

A INCORPORAÇÃO DA REFORMA TRIBUTÁRIA NA AGENDA DE LUTA DOS MOVIMENTOS SOCIAIS

O discurso que embasa a reivindicação de uma reforma tributária como bandeira de luta dos movimentos e organizações populares tem suas raízes nos efeitos das crises econômica e política que o Brasil já experimentava no período pré-pandemia. As respostas adotadas frente a tais crises impuseram uma sequência de medidas de austeridade e retrocessos nos direitos sociais, sob o pretexto de equilibrar as contas públicas do país, que estaria prestes a "quebrar", o que legitimaria o desmonte brutal de diversas políticas de proteção social.

A título de exemplo, podemos citar a Emenda Constitucional nº 95/2016, que estabelece um teto para os gastos públicos, congelando-o por vinte anos, a reforma trabalhista em 2017, a reforma da previdência em 2019, cortes de investimentos e sucateamento de serviços públicos, pressões do mercado para a privatização de empresas estatais, entre outras investidas contra o sistema de bem-estar social edificado a duras penas desde a Constituição cidadã de 1988.

A erosão dos direitos sociais é comumente justificada pela falaciosa retórica "anticrise", que alardeia uma suposta necessidade de retração do papel do Estado como medida de ajuste fiscal, quando, na realidade, materializa um projeto político e econômico neoliberal que visa atender aos interesses do mercado financeiro, em detrimento da vida e da renda de milhões de trabalhadores brasileiros.

É por isso que os movimentos sociais da classe trabalhadora organizada têm denunciado a instrumentalização das crises do capital como argumento para forçar uma agenda antipopular, que inflige cruéis sacrifícios às camadas mais vulneráveis. Exigem, diante da emergência sanitária a repercutir inevitavelmente nas esferas política e econômica, que os mais ricos arquem com uma parcela maior do ônus financeiro e orçamentário[2], em respeito ao princípio da capacidade contributiva, impedindo que esta conta recaia mais uma vez sobre os trabalhadores.

---

2 Merece destaque o fato de que o seleto grupo de bilionários brasileiros ampliou sua riqueza em mais de R$ 170 bilhões durante a pandemia (SAMPAIO, 2020), enquanto os índices de desemprego e o fechamento de pequenas empresas avançam no país, penalizando a classe trabalhadora.

Desde o anúncio da pandemia da Covid-19, já se projetavam os impactos da retração da atividade econômica em decorrência das ações preventivas de isolamento social e quarentena, tais como o desemprego, o empobrecimento, as perdas substanciais na arrecadação tributária, apontando para a premência do reforço ao Sistema Único de Saúde – SUS e da implantação de um programa emergencial para garantia da renda da população mais vulnerável, conforme alertaram diversas entidades brasileiras no manifesto *Tributar os ricos para enfrentar a crise*[3], publicado ainda no mês de março (AFD *et al.*, 2020, p. 3). Uma calamidade pública de tal envergadura exigiria, indubitavelmente, a criação de mecanismos para ampliar a capacidade financeira do Estado, enfrentando as desigualdades na tributação, e, assim, socorrer a saúde e a economia, recompor a arrecadação fiscal e compensar o endividamento público.

A iniciativa *"Princípios e Diretrizes de Direitos Humanos para Política Fiscal"*[4], composta por organizações de direitos humanos na América Latina, alertava que a crise pandêmica exigiria dos Estados um esforço em empreender políticas fiscais redistributivas, a fim de evitar uma profunda e iminente crise de direitos humanos (INESC, 2020). Ante o risco de aumento da pobreza, redução de empregos e violação aos direitos mais básicos, ponderava a necessidade de fortalecer os sistemas públicos de saúde e oferecer proteção social a fim de viabilizar as medidas preventivas, o que demandaria uma resposta fiscal robusta e estrutural, centrada nos princípios de direitos humanos, buscando financiamento por meio de reformas progressivas dos sistemas tributários e superando dogmas fiscais ortodoxos. As entidades reforçam, pois, a importância de políticas fiscais que garantam direitos e reduzam as desigualdades e sugerem, em especial, a taxação da riqueza (tributos à renda e ao patrimônio) e a eliminação de privilégios fiscais, como meios para expandir o espaço fiscal dos Estados, enfrentar a calamidade sanitária e alcançar uma recuperação transformadora que permita a construção de economias mais sustentáveis e solidárias (INESC, 2020).

---

3 Disponível em: https://plataformapoliticasocial.com.br/tributar-os-ricos-para-enfrentar-a-crise/. Acesso em: 29 dez. 2020.

4 Disponível em: https://derechosypoliticafiscal.org/pt/. Acesso em: 7 jan. 2021.

Nesse contexto, surgiram numerosas iniciativas de campanhas e debates recolocando a centralidade da reforma tributária, a exemplo do referido manifesto e, logo em seguida, da Campanha *"Taxar fortunas para salvar vidas"*[5], lançada em 13/04/2020 pela Frente Brasil Popular e Frente Povo Sem Medo, com o apoio de centrais sindicais, partidos da oposição ao atual Governo, organizações da sociedade civil e movimentos populares dos setores progressistas[6]. Foi divulgado um abaixo-assinado virtual, que alcançou mais de 160 mil assinaturas – até o momento da conclusão deste artigo –, no qual se destacam a gravidade da crise pandêmica em um país extremamente desigual e a agregação de esforços para salvar vidas em risco:

> O Estado tem capacidade de aumentar o investimento público e deve agir urgentemente garantindo transferência de renda para salvar as vidas de quem mais precisa, as trabalhadoras e trabalhadores! A enorme desigualdade social, resultado da injusta carga tributária no Brasil nos trouxe ao patamar que hoje estamos. É urgente que se implemente medidas de taxação no andar de cima para que caminhemos em direção a Justiça Tributária. (...) É hora de aumentar os impostos de quem pode mais, e proteger quem pode menos, como as pessoas sem renda, trabalhadores informais e a classe média. A implementação de uma carga tributária justa e solidária permite que 99% da população possa ter uma renda disponível maior, o Estado aumenta sua capacidade de investimento no Sistema Público de Saúde (SUS) e amplia ações de proteção social, de modo a garantir uma vida digna a toda a população[7].

A campanha *"Taxar fortunas para salvar vidas"* vem sendo promovida no âmbito das plataformas Mãos Solidárias[8], *"Vamos precisar de todo*

---

5 Disponível em: https://todomundo.org/?p=368. Acesso em: 28 dez. 2020.

6 A Frente Brasil Popular e a Frente Povo Sem Medo foram criadas em 2015 e atuam como redes de articulação e congregação dos movimentos populares dos setores progressistas. São compostas por movimentos sociais de diversos segmentos, tais como o Movimento dos Trabalhadores Rurais Sem-Terra (MST), Movimento dos Trabalhadores Sem-Teto (MTST), União Nacional de Estudantes (UNE), Central Única dos Trabalhadores (CUT), sindicatos, centrais sindicais, organizações feministas, movimentos estudantis, da juventude, da negritude, da saúde, da comunicação, pastorais, entre outros.

7 Disponível em: https://www.change.org/p/taxar-fortunas-para-salvar-vidas. Acesso em: 28 dez. 2020.

8 Disponível em: https://www.campanhamaossolidarias.org/. Acesso em: 28 dez. 2020.

mundo"[9] e Rede Periferia Viva[10], que articulam as ações de solidariedade dos movimentos sociais frente à pandemia. Depreende-se, pelo conteúdo exposto nas justificativas, contextualizações e propostas, que o projeto segue a mesma linha de outras movimentações encampadas nos últimos anos por entidades do segmento fiscal, auditores fiscais, estudiosos e pesquisadores da área, com o objetivo primordial de buscar soluções para o problema da desigualdade através de uma reforma do sistema tributário, norteada pelos princípios da justiça fiscal e da solidariedade.

Uma importante formulação que vem ocupando o debate político nos últimos anos é a plataforma *"Reforma Tributária Solidária: menos Desigualdade, mais Brasil"*[11], elaborada por um grupo de especialistas da Associação Nacional dos Auditores Fiscais da Receita Federal do Brasil (ANFIP) e Federação Nacional do Fisco Estadual e Distrital (FENAFISCO), e organizada pelo economista Eduardo Fagnani. Os estudos e propostas desenvolvidos pelo movimento, compilados sobretudo no livro *"A Reforma Tributária Necessária: diagnóstico e premissas"* (ANFIP; FENAFISCO, 2018) e no documento-síntese *"Justiça fiscal é possível: subsídios para o debate democrático sobre o novo desenho da tributação brasileira"* (ANFIP; FENAFISCO, 2018), têm subsidiado intensas discussões sobre a política fiscal brasileira.

No âmbito parlamentar, o debate em torno de uma reforma tributária solidária, justa e sustentável acumulou força entre os partidos de oposição ao Governo. Em outubro de 2019, deputados federais do PT, PSOL, PCdoB, PDT, PSB e REDE apresentaram uma proposta unificada de alteração do Sistema Tributário Nacional, consolidada na Emenda Substitutiva Global – EMC nº 178/2019 à PEC nº 45/2019, em trâmite na Câmara dos Deputados. Em sua justificativa, a proposta de emenda toma por referência justamente os estudos desenvolvidos pela ANFIP e pela FENAFISCO, anteriormente citados, focando na superação das desigualdades, na desconcentração da renda e da riqueza, e na retomada do desenvolvimento econômico, e defendendo, em suma: *"a elevação*

---

9 Disponível em: https://todomundo.org/. Acesso em: 28 dez. 2020.

10 Disponível em: https://www.instagram.com/periferiavivacontracorona/ e https://www.facebook.com/PeriferiaVivaContraCorona. Acesso em 28 dez. 2020.

11 Disponível em: http://reformasolidaria.com.br/. Acesso em: 29 dez. 2020.

da tributação sobre a renda e patrimônio com redução equivalente na tributação sobre o consumo, de modo a respeitar o preceito constitucional de tributação conforme a capacidade econômica"[12].

Na mesma esteira, especialistas da ANFIP e da FENAFISCO, em conjunto com outras entidades, lançaram recentemente um novo estudo sobre o sistema tributário nacional, construído com base no cenário atual da pandemia do coronavírus e nas projeções para o pós-pandemia. O documento *"Tributar os super-ricos para reconstruir o país"*, elaborado por diversos autores sob a coordenação técnica de Eduardo Fagnani, apresenta oito propostas de leis tributárias que buscam isentar os mais pobres e as pequenas empresas, fortalecer Estados e Municípios na repartição de receitas e taxar as altas rendas e o grande patrimônio, onerando apenas os 0,3% dos mais ricos (MOREIRA FILHO *et al.*, 2020, p. 4), no intuito primordial de subsidiar a ação parlamentar, a ação política da classe trabalhadora e dos movimentos sociais, e fomentar o debate plural e democrático (MOREIRA FILHO *et al.,* 2020, p. 14), reafirmando, ainda, a trajetória de intensos debates nesta seara, ao expor seus subsídios teóricos:

> O ponto de partida desse trabalho é o manifesto "Tributar os Ricos para Enfrentar a Crise", produzido coletivamente por diversas entidades. As propostas aqui apresentadas estão totalmente afinadas com a Emenda Substitutiva Global à PEC 45/2019 (EMC 178/2019) que tramita no Congresso Nacional, por iniciativa das bancadas dos partidos da oposição na Câmara dos Deputados, a qual contou com mais de 200 assinaturas de parlamentares, de diversos partidos – e proposição legislativa inspirada nos dois estudos técnicos que constituem a formulação teórica do projeto de Reforma Tributária Solidária, Justa e Sustentável. O primeiro faz amplo diagnóstico sobre a totalidade dos problemas crônicos da tributação brasileira. O segundo faz propostas para alterar substancialmente a perversa matriz tributária brasileira, elevando a tributação sobre renda e patrimônio e reduzindo a tributação sobre o consumo e a folha de pagamento. Esse exercício de redistribuição das bases de incidência demonstra que não há limites técnicos para que o Brasil tenha um sistema tributário alinhado com a experiência dos países mais igualitários (MOREIRA FILHO *et al.*, 2020, p. 9).

---

12 Disponível em: https://pt.org.br/wp-content/uploads/2018/03/reforma-tributaria.pdf. Acesso em: 29 dez. 2020.

Destacamos, ainda, a campanha *"Você acha justo?"*[13], criada também durante a pandemia de Covid-19, por organizações da sociedade civil, para produzir e difundir conteúdos em defesa de uma política tributária mais solidária, justa e sustentável. A iniciativa conta com o apoio da ANFIP, da FENAFISCO e de delegacias regionais do Sindifisco, e defende a aprovação de medidas emergenciais para *"aumentar a arrecadação, garantir mais recursos para o SUS, preservar o sistema de proteção social e enfrentar a crise em tempos de pandemia"*[14]. E, por fim, a campanha *"Tributar os Super-Ricos"*[15], encabeçada pelo Instituto de Justiça Fiscal (IJF) e apoiada por mais de 60 organizações, apostando na tributação das altas rendas e grandes fortunas como caminho para superar a crise socioeconômica que se acentuou com a pandemia (SAMPAIO, 2020).

Percebe-se, portanto, que as discussões acerca da política fiscal e da necessidade de uma reforma tributária pautada pela justiça fiscal e pela solidariedade já trilhavam uma trajetória ascendente nos últimos anos, acumulando força e conquistando espaço na agenda política, impulsionadas por teóricos, pesquisadores e profissionais do setor fiscal.

Com a crise sanitária e econômica, essa mobilização popular se intensifica entre os movimentos sociais e organizações da sociedade civil, e se afirma, em um primeiro momento, como a não aceitação de uma nova rodada de ajustes fiscais para fazer frente ao aumento do endividamento público (FURNO, 2020), como uma oportunidade para repensar o papel do Estado e rever as políticas de austeridade já implementadas, e, mais ainda, constitui-se uma disputa discursiva e propositiva dos movimentos sociais no enfrentamento ao colapso da saúde pública, à recessão econômica e às profundas desigualdades que assolam o país.

---

13 Disponível em: https://www.youtube.com/VoceAchaJusto. Acesso em: 29 dez. 2020.

14 Disponível em: https://www.instagram.com/voceachajusto/. Acesso em: 29 dez. 2020.

15 Disponível em: https://ijf.org.br/tributar-os-super-ricos/. Acesso em 29 dez. 2020.

PRINCIPAIS PROPOSTAS DOS MOVIMENTOS SOCIAIS PARA UMA REFORMA TRIBUTÁRIA JUSTA E SOLIDÁRIA E SUA PERTINÊNCIA EM FACE DOS DIREITOS HUMANOS

A plataforma inicial de reivindicações da campanha *"Taxar fortunas para salvar vidas"*, expressadas no manifesto que acompanha o abaixo-assinado virtual, trazia em seu bojo cinco propostas:

- Taxação de lucros e dividendos das pessoas físicas detentoras de cotas e ações de empresas
- Instituição de alíquota sobre os lucros remetidos ao exterior
- Imposto sobre Grandes Fortunas, previsto na Constituição Federal
- Dar maior efetividade à cobrança do ITR, atualizando os valores das grandes propriedades que estão totalmente defasados.
- Empréstimo compulsório das empresas com patrimônio superior a 1 bilhão de reais[16].

Vê-se, de antemão, que embora o nome dado à campanha sugira, preliminarmente, voltar-se para a pressão pela instituição do Imposto sobre Grandes Fortunas – previsto no artigo 153, inciso VII, da Constituição Federal de 1988[17], no âmbito de competência da União, porém não instituído até hoje –, trata-se, na realidade, de um mote que abarca um pacote de medidas, visando onerar mais pesadamente as "fortunas" em sentido amplo: as altas rendas, as grandes propriedades rurais, a concentração de patrimônio, entre outras bases de incidência reveladoras de riqueza na tributação direta.

Nesse sentido, a economista Laura Carvalho alerta que o Imposto sobre Grandes Fortunas não deve ser pensado isoladamente, apesar de sua relevância simbólica e redistributiva, no sentido de desestimular a acumulação e concentração de riqueza[18]. Isto porque as estimativas

---

16 Disponível em: https://www.change.org/p/taxar-fortunas-para-salvar-vidas. Acesso em: 28 dez. 2020.

17 Art. 153. Compete à União instituir impostos sobre: (...) VII - grandes fortunas, nos termos de lei complementar.

18 Para José Souto Maior Borges, a tributação das grandes fortunas se justifica em face de um imperativo de justiça e equidade. O autor afirma que uma consideração da propriedade privada como direito humano deve levar em conta os condiciona-

em torno de seu potencial arrecadatório ficam aquém de outras medidas, como, por exemplo, o fim da isenção de imposto de renda sobre lucros e dividendos e o aumento da progressividade na tabela do IRPF, demandando, pois, a combinação de várias medidas no contexto de uma ampla reforma tributária:

> Se está claro que o imposto sobre grandes fortunas não é nenhuma bala de prata para solucionar desequilíbrios nas contas públicas, o que exige pensá-lo de maneira complementar a outras formas progressivas de tributação, sua importância será cada vez maior para corrigir injustiças que se acumulam cada vez mais rápido em um mundo marcado por estoques de riqueza que crescem muito acima do PIB (CARVALHO, 2020).

Quanto ao IRPF, vem sendo construído um amplo consenso entre especialistas, ativistas e pesquisadores acerca da necessidade de uma revisão das faixas de alíquotas, há muito tempo defasadas, e a imperiosa incidência sobre lucros e dividendos distribuídos por pessoas jurídicas para pessoas físicas, bem como a revogação da dedutibilidade dos juros sobre capital próprio e a retenção exclusiva na fonte sobre remessas de lucros ao exterior, com incidência em dobro no caso de país destinatário que não tribute a renda ou tenha tributação favorecida[19] (paraísos fiscais).

A isenção dos lucros e dividendos sobressai como um dos principais obstáculos à realização dos direitos humanos (FEITAL, 2019, p. 50), pois não apenas atua como um fator de desigualdade e concentração de renda, como também revela uma opção do Estado por dispensar receitas advindas de uma base econômica fortemente indicadora de capacidade contributiva, que poderiam ser direcionadas à concretização de direitos fundamentais – ainda mais em um cenário crítico na saúde pública e na economia –, sendo que esta omissão não encontra qualquer fundamento senão satisfazer os interesses das camadas mais ricas.

---

mentos e exigências de justiça social da função social da propriedade. Para ele, a omissão inconstitucional da imposição do IGF caracteriza uma violação aos direitos humanos, vez que dela resulta o agravamento da carga tributária sobre as massas proletárias, que suportam uma tributação que afeta até o mínimo necessário à subsistência humana (BORGES, 2001, p. 211-212).

19 Propostas presentes na EMC 178/2019 à PEC 45/2019 e na carta aberta *"Tributar os ricos para enfrentar a crise"* (AFD *et al.*, 2020, p. 5-6).

As diversas campanhas da sociedade civil organizada, mencionadas no tópico anterior, convergem nesse sentido, exigindo uma reformulação do imposto de renda para que se torne mais expressivo entre as camadas mais altas, ao mesmo tempo em que amplia a faixa de isenção na base da pirâmide, corrigindo as graves distorções do modelo atual, no qual os super-ricos dispõem de mecanismos tributários que atenuam sua carga tributária, concentram mais isenções e pagam proporcionalmente menos imposto do que as faixas intermediárias (ALVARENGA, 2019).

Inclusive, a proposta dos deputados federais oposicionistas, contida na EMC 178/2019 à PEC 45/2019, vai mais além, pretendendo incluir no artigo 145 da CF/88 o princípio constitucional da não regressividade da tributação[20].

Nos documentos analisados, encontram-se ainda outras proposições confluentes, como, por exemplo: *i)* tributação mais pesada sobre grandes heranças, mediante a criação, a nível constitucional, de um Imposto sobre Grandes Heranças, de competência da União (como prevê a EMC 178/2019), ou por meio do aumento da alíquota máxima e criação de faixas progressivas de alíquotas do ITCMD, que imponham uma maior oneração sobre os grandes patrimônios transmitidos via herança (AFD *et al.*, 2020, p. 6-7); *ii)* ampliação da base de incidência do IPVA para abranger veículos terrestres, aquáticos e aéreos, abarcando, assim, bens de luxo que atualmente escapam da exação, tais como iates, lanchas, helicópteros e jatos particulares; *iii)* criação de um Imposto sobre o Valor Agregado (IVA), uniforme em todo o território nacional, em substituição ao ICMS e ao ISS – tal proposta consta na EMC 178/2019 e em outros projetos em trâmite no Congresso Nacional, porém, no tocante à tributação do consumo, observam-se algumas divergências entre os diversos planos de reformulação.

---

20 Art. 145. (...)

§ 3º O sistema tributário nacional, em seu conjunto, não pode produzir efeitos gerais regressivos na distribuição da renda dos contribuintes.

§ 4º Os tributos devem contribuir para

I - a promoção da sustentabilidade ambiental;

II – o desenvolvimento regional, reduzindo assimetrias intra e inter regionais; e

III – ações e serviços públicos de educação e saúde.

É possível notar que as proposições e pressões políticas dos movimentos sociais que conformam a ideia de uma reforma tributária solidária partem da percepção de que o Brasil tem empreendido, nas últimas décadas, uma política tributária de caráter regressivo, com ênfase nos tributos indiretos (onerando sobremaneira o consumo e o trabalho) e desprezando o potencial redistributivo dos tributos diretos, privilegiando, assim, a acumulação de patrimônio, as altas rendas e os ganhos de capital. Toma-se, pois, como premissa a profunda regressividade da política fiscal brasileira e sua indissociável relação com a desigualdade social que atormenta o povo brasileiro e que poderia ser enfrentada, em grande medida, por meio de uma reforma tributária que invertesse essa lógica. A esse respeito, Moreira Filho *et al.* preconizam justamente uma inversão de pauta na reforma tributária, a fim de priorizar a renda e o patrimônio como bases centrais:

> O momento impõe que a Reforma Tributária seja iniciada pela tributação sobre a renda e do patrimônio – onerando mais quem ganha mais e desonerando os mais pobres e as microempresas – para ampliar a capacidade financeira do Estado, combater a desigualdade e fomentar a demanda agregada. O aumento da carga tributária incidente sobre as altas rendas e o patrimônio das pessoas físicas é necessário para recompor a arrecadação fiscal, que despencou com a crise. Com a retomada do crescimento, a carga tributária poderá ser reequilibrada, reduzindo-se a tributação que incide sobre o consumo e sobre a folha de pagamentos. Propõe-se, portanto, uma inversão da ordem a ser seguida: agora, a reforma da tributação sobre a renda e o patrimônio; depois, com a economia ativada, a reforma da tributação sobre o consumo e a folha de pagamentos (2020, p. 30-31).

Impende destacar, nesse ponto, que a escolha de uma determinada base econômica para sofrer incidência da exação, seja a renda, o consumo, o patrimônio, ou qualquer outra, por meio de tributos diretos ou indiretos, depende sobretudo de uma análise da eficiência e justiça de seus resultados. Não existe, portanto, uma "justiça intrínseca" à tributação de uma ou de outra base, de modo que a escolha será guiada pelo valor instrumental e pela compatibilidade com os objetivos redistributivos de uma justiça fiscal. Ou seja, tanto a renda quanto o consumo, por exemplo, podem ser bons indicadores de bem-estar e de capacidade contributiva, devendo-se levar em conta, na política tributária, os resultados sociais justos ou injustos produzidos pela escolha desta ou daquela base tributária (MURPHY; NAGEL, 2005, p. 126-131). Por isso, é comum a utilização de desenhos tributários híbridos, que gravam simultaneamente várias bases econômicas, reveladoras de capacidade contributiva.

É a partir dos fenômenos da progressividade e da regressividade de um dado esquema tributário que se observa a injustiça dos resultados que ele produz. Nessa perspectiva, o sistema tributário, a depender da estruturação que se lhe confira, pode atuar como uma poderosa ferramenta redistributiva ou como um fator de intensificação e perpetuação das desigualdades sociais (FEITAL, 2019, p. 45). A baixa eficácia redistributiva da política tributária brasileira e seus efeitos regressivos justificam o diagnóstico de um sistema de viés nitidamente discriminatório, na medida em que contribui ativamente para o aprofundamento da desigualdade entre ricos e pobres:

> De fato, a regressividade tributária é exemplo patente de discriminação substantiva provocada pelo Estado, pois, ainda que as leis que compõem o STN tenham certo verniz de imparcialidade (…), o impacto da tributação é diferente em grupos sociais distintos, em detrimento de minorias que já sofrem os efeitos de uma persistente desigualdade estrutural (FEITAL, 2019, p. 46).

À vista disso, e considerando que qualquer medida tomada (ou omitida) pelo Estado em matéria tributária repercute na esfera econômica dos indivíduos, o dogma liberal de uma tributação supostamente "neutra" não passa de uma falácia. E, mais ainda, a Constituição Cidadã de 1988 rechaçou expressamente essa ideia, adotando as chamadas "finanças funcionais", no manifesto intuito de servir de instrumento de intervenção estatal na ordem econômica e social (SCHOUERI, 2005, pp. 3; 15). A defesa de uma neutralidade tributária é também política, de cunho conservador e absenteísta, na medida em que se propõe a manter a alocação original dos resultados de mercado.

Nas décadas de 1980 e 1990, a política tributária brasileira foi decisivamente afetada pela ofensiva neoliberal que orientou a implementação de medidas de matiz neoclássico e, com isso, reduziu consideravelmente a progressividade do sistema tributário, em proveito das classes mais privilegiadas (FEITAL, 2019, p. 46), e enfatizou a tributação indireta sobre o consumo e o trabalho. Segundo as ideias neoclássicas, o Estado deveria abster-se de buscar resultados distributivos pela via da tributação, a fim de não interferir na economia e na alocação de recursos gerada pelo mercado, relegando a redistribuição tão somente à seara dos gastos e investimentos públicos (GOBETTI; ORAIR, 2016, p. 2).

Tais concepções presumem um sistema capitalista capaz de produzir resultados socialmente justos e cujas distorções são automaticamente corrigidas pelo mercado, razão pela qual se confere aos tributos uma função supostamente "neutra" e não intervencionista, para não perturbar o "equilíbrio" da distribuição pré-tributária de renda tida como "ótima" (SALVADOR, 2007, p. 1).

Não há como cogitar, especialmente à luz da CF/88, um sistema tributário neutro, sendo este um importante instrumento para o alcance dos objetivos fundamentais eleitos no plano constitucional, como fruto de uma decisão política da sociedade. Assim, o Sistema Tributário Nacional está vinculado aos propósitos políticos positivamente plasmados no artigo 3º da CF/88[21], sendo orientado, ainda, pelos vetores axiológicos resultantes da concatenação do artigo 1º (fundamentos da República) com o artigo 4º (princípios), em especial a dignidade da pessoa humana e a prevalência dos direitos humanos (FEITAL, 2019, p. 40).

A relação que se identifica entre a tributação e a desigualdade permite, ao mesmo tempo, evidenciar uma relação de dependência mista entre a tributação e os direitos humanos (FEITAL, 2019, p. 51), que se manifesta bilateralmente, de um lado, como vedação ao tratamento discriminatório (que hoje se observa na regressividade do sistema tributário, em desrespeito aos princípios da equidade e da dignidade da pessoa humana), e, na outra via, como a obrigação de otimizar a arrecadação de recursos, por meio da atividade impositiva, para a realização dos direitos humanos[22] – incumbência esta que se justifica

---

21 Art. 3º - Constituem objetivos fundamentais da República Federativa do Brasil: I - construir uma sociedade livre, justa e solidária; II - garantir o desenvolvimento nacional; III - erradicar a pobreza e a marginalização e reduzir as desigualdades sociais e regionais; IV - promover o bem de todos, sem preconceitos de origem, raça, sexo, cor, idade e quaisquer outras formas de discriminação.

22 José Casalta Nabais destaca que a concretização de qualquer direito corresponde a um custo, uma vez que não são dádivas divinas, nem frutos da natureza, muito menos automáticos ou autorrealizáveis, e demandam proteção por meio do aparato estatal. O Estado Democrático de Direito visa realizar um determinado nível de direitos, o que exige recursos financeiros. Dessa forma, Nabais conclui que não há direitos gratuitos – todo direito, mesmo os chamados direitos "negativos" (como as liberdades civis e os direitos e propriedade) constituem bens públicos cuja materialização depende de um custo financeiro público, com suporte fundamental na figura dos impostos (NABAIS, 2002, p. 19-21).

ainda mais diante da crise sanitária atual, mas que o Estado descumpre sistematicamente, ao se omitir de taxar efetivamente a acumulação de riqueza.

É assim que os movimentos populares se posicionam na defesa dos direitos humanos, compreendendo que não há direitos humanos sem um sistema tributário justo. A pauta da classe trabalhadora organizada por uma reforma tributária justa e solidária toma como referência um conceito amplo de justiça fiscal, mediante uma avaliação quantitativa e qualitativa de como a carga tributária é partilhada entre os contribuintes e perpassando questões como a oferta de serviços públicos de bem-estar social e as decisões sobre os gastos públicos (SANCHES, 2010, p. 13-15) – discussões cruciais em um momento de crise como o que o Brasil vivencia hoje – harmonizando, assim, a justiça na tributação e a justiça na distribuição.

CONSIDERAÇÕES FINAIS: CONTRIBUIÇÕES PARA UM DIÁLOGO ENTRE TRIBUTAÇÃO, DIREITOS HUMANOS E ESTADO SOCIAL

O presente trabalho buscou examinar, o contexto de uma tendente incorporação da reforma tributária solidária como bandeira de luta dos movimentos populares, a base discursiva subjacente e a relevante contribuição que os movimentos sociais, enquanto atores que operam na linha de frente da defesa dos direitos humanos, podem oferecer para um diálogo mais democrático, plural e popular acerca da reforma tributária, reivindicando uma revisão da política fiscal brasileira para torná-la mais justa e progressiva.

A pressão política da sociedade civil organizada na direção de uma reforma tributária solidária atualiza a compreensão da intrínseca relação que se estabelece entre tributação, direitos humanos e Estado Social, concebendo a tributação como não apenas meramente técnica, puramente neutra ou abstrata, mas como uma discussão concreta e material sobre renda e riqueza que leva a opções políticas e eleição de prioridades. Isto é, a justiça fiscal constitui um importante fator de justiça social.

Nesse sentido, a imposição de tributos é, sobretudo, um instrumento a serviço dos direitos humanos e da dignidade da pessoa humana, não podendo ser desprezada sua real capacidade de dar concretude ao direito à vida, à saúde, ao trabalho, à renda, à igualdade, à cidadania, em suma, o direito de todos a viver uma vida digna. Isso se observa tanto pelo viés fiscal – na medida em que proporciona a arrecadação de recursos ao Estado e assim viabiliza a implementação de políticas públicas de proteção social e prestações materiais pela via dos gastos públicos – como pelo viés extrafiscal, tendo em vista sua influência direta na alocação e distribuição da riqueza produzida pela sociedade.

A aposta dos movimentos sociais na tributação das altas rendas e das grandes fortunas para superação da crise instalada no país permite aprimorar o debate teórico pela inserção de elementos e vivências da realidade concreta da classe trabalhadora. Possibilita, ainda, o aprofundamento de interlocuções setoriais, por meio de diálogos com segmentos específicos, tais como os movimentos feministas (articulando tributação e desigualdade de gênero), os movimentos da negritude (desigualdade racial), movimentos do campo e da cidade, sindicatos e entidades de classe, organizações de defesa do meio ambiente, e assim sucessivamente, de modo a enriquecer o debate amplo e geral, a partir das especificidades do povo brasileiro.

Dessa forma, a incorporação e consolidação dessa pauta como uma importante bandeira de luta na agenda dos movimentos sociais, entendendo que o sistema fiscal deve ser um mecanismo para reverter desigualdades, e não para aprofundá-las, não apenas favorece a difusão e popularização dessa pauta, como também representa um importante avanço na construção de consensos coletivos sobre a premente necessidade de uma reforma tributária solidária norteada pela justiça fiscal e pelos direitos humanos.

REFERÊNCIAS

AFD – Auditores Fiscais pela Democracia; ANFIP – Associação Nacional dos Auditores Fiscais da Receita Federal do Brasil; FENAFISCO – Federação Nacional do Fisco Estadual e Distrital; IJF – Instituto Justiça Fiscal. *Tributar os ricos para enfrentar a crise.* Carta-Manifesto. Março de 2020. Disponível em: https://plataformapoliticasocial.com.br/wp-content/uploads/2020/03/carta_com_link_para_assinar.pdf. Acesso em: 29 dez. 2020.

ALVARENGA, Darlan. *Dados do IR mostram que super-ricos têm mais isenções e pagam menos imposto no Brasil.* Portal G1, [S. l.], 22 jun. 2019. Disponível em: https://g1.globo.com/economia/noticia/2019/06/22/dados-do-ir-mostram-que-super-ricos-tem-mais-isencoes-e-pagam-menos-imposto-no-brasil.ghtml. Acesso em: 5 jan. 2021.

ANFIP – Associação Nacional dos Auditores-Fiscais da Receita Federal do Brasil; FENAFISCO – Federação Nacional do Fisco Estadual e Distrital. *A Reforma Tributária Necessária: diagnóstico e premissas.* Org.: FAGNANI, Eduardo. Brasília: ANFIP; FENAFISCO, 2018.

ANFIP – Associação Nacional dos Auditores-Fiscais da Receita Federal do Brasil; FENAFISCO – Federação Nacional do Fisco Estadual e Distrital. *A Reforma Tributária Necessária: Justiça fiscal é possível: subsídios para o debate democrático sobre o novo desenho da tributação brasileira.* Documento-síntese. Org.: FAGNANI, Eduardo. Brasília: ANFIP; FENAFISCO, 2018.

BRASIL. Constituição (1988). *Constituição da República Federativa do Brasil de 1988.* Brasília, DF: Presidência da República, 1988 [atualizada]. Disponível em: http://www.planalto.gov.br/ccivil_03/constituicao/ConstituicaoCompilado.htm. Acesso em: 6 jan. 2021.

———. *Emenda Substitutiva Global (EMC) nº 178/2019 à PEC nº 45/2019.* Altera o Sistema Tributário Nacional e dá outras providências. Brasília, DF, 3 out. 2019. Disponível em: https://www.camara.leg.br/proposicoesWeb/prop_mostrarintegra?codteor=1815822&filename=EMC+178/2019+PEC04519+%3D%3E+PEC+45/2019. Acesso em: 6 jan. 2021.

BORGES, José Souto Maior. *Direitos Humanos e tributação. Revista Tributária e de Finanças Públicas,* n. 40, p. 188-224, 2001.

CARVALHO, Laura. *Quais os efeitos de taxar grandes patrimônios?.* Nexo Jornal, [S. l.], 10 dez. 2020. Disponível em: https://www.nexojornal.com.br/colunistas/2020/Quais-os-efeitos-de-se-taxar-grandes-patrim%C3%B4nios. Acesso em: 4 jan. 2021.

FEITAL, Thiago Álvares. *A dependência entre os direitos humanos e o Direito Tributário. Revista de Informação Legislativa:* RIL, Brasília, DF, v. 56, n. 224, p. 37-58, out./dez. 2019. Disponível em: http://www12.senado.leg.br/ril/edicoes/56/224/ril_v56_n224_p37. Acesso em: 30 out. 2020.

FURNO, Juliane. *De onde tirar o dinheiro para pagar a conta da crise.* Brasil de Fato, [S. l.], 28 abr. 2020. Disponível em: https://www.brasildefato.com.br/2020/04/28/de-onde-tirar-o-dinheiro-para-pagar-a-conta-da-crise. Acesso em: 28 dez. 2020.

GOBETTI, Sérgio Wulff; ORAIR, Rodrigo Octávio. *Tributação e distribuição da renda no Brasil:* novas evidências a partir das declarações tributárias das pessoas físicas. Centro Internacional de Políticas para o Crescimento Inclusivo (IPC-IG). Programa das Nações Unidas para o Desenvolvimento. Brasília, 2016.

INESC – Instituto de Estudos Socioeconômicos. *Uma resposta integral à Covid-19 exige políticas fiscais redistributivas.* [S. l.], 4 maio 2020. Disponível em: https://www.inesc.org.br/uma-resposta-integral-a-covid-19-exige-politicas-fiscais-redistributivas/. Acesso em: 7 jan. 2021.

MOREIRA FILHO, C. C. C.; HICKMANN, C. M.; SANTOS, D. R. P.; FALCÃO, I.; MACHADO, L. T. M.; FELDMANN, P.; SIQUEIRA, M. L.; INTROÍNI, P. G. H.; PISCITELLI, R. B. *Tributar os super-ricos para reconstruir o País.* Documento completo. Julho de 2020. Coord.: FAGNANI, Eduardo. Disponível em: https://plataformapoliticasocial.com.br/tributar-os-super-ricos-para-reconstruir-o-pais/. Acesso em 30 out. 2020.

MURPHY, Liam; NAGEL, Thomas. *O mito da propriedade:* os impostos e a justiça. Tradução de Marcelo Brandão Cipolla. São Paulo: Martins Fontes, 2005.

NABAIS, José Casalta. *A face oculta dos direitos fundamentais:* os deveres e os custos dos direitos. *Revista Direito Mackenzie*, v. 3 n. 2, p. 9-30, 2002. Disponível em: http://editorarevistas.mackenzie.br/index.php/rmd/article/view/7246/4913. Acesso em: 7 jan. 2021.

SALVADOR, Evilásio. *A distribuição da carga tributária: quem paga a conta?* In: *Arrecadação (de onde vem?) e gastos públicos (para onde vão?).* Org.: SICSÚ, João. São Paulo: Boitempo Editorial, 2007.

SAMPAIO, Cristiane. *Taxação dos super-ricos é a aposta dos movimentos sociais para superação da crise.* Brasil de Fato, [S. l.], 29 out. 2020. Disponível em: https://www.brasildefato.com.br/2020/10/29/taxacao-dos-super-ricos-e-a-aposta-dos-movimentos-sociais-para-superacao-da-crise. Acesso em: 29 dez. 2020.

SANCHES, José Luís Saldanha. *Justiça Fiscal.* Lisboa: Fundação Francisco Manuel dos Santos, 2010.

SCHOUERI, Luís Eduardo. *Normas tributárias indutoras e intervenção econômica.* Rio de Janeiro: Forense, 2005.

TRABALHO FEMININO NÃO REMUNERADO E DESIGUALDADE: FEMINISMO, JUSTIÇA FISCAL E EDUCAÇÃO FORTALECENDO DIREITOS HUMANOS

Ana Pontes Saraiva[1]

SUMÁRIO: Introdução ||| 1. Trabalho reprodutivo das mulheres: notas inspiradas por Silvia Federici ||| 2. Receita Fiscal, investimento em políticas públicas igualitárias e repercussões de gênero ||| 3. Baixa representatividade em espaços de poder e a invisibilização da relação do trabalho gratuito do cuidado com a desigualdade ||| Conclusões ||| Referências

Resumo: Tendo como ponto de partida provocações sobre o trabalho historicamente associado ao papel feminino (planejamento e execução domésticos e de cuidados humanos), observa-se sua contribuição à desigualdade de gênero e formas possíveis de enfrentamento com a justiça fiscal. A degradação do tecido social na ascensão do capitalismo e uma breve análise sobre as condições de produção e reprodução social provocada pelo feminismo marxista em Silvia Federici servem de mote para pensar como o bem do tempo das mulheres é apropriado na destinação a trabalhos não remunerados, aumentando o abismo perante os homens, sem que o sistema tributário atue para combater essa desigualdade, mas sirva para agravá-la. Como parte significativa da renda masculina auferida e taxada

---

1 Pesquisadora sobre Gênero. Professora da Universidade Federal do Agreste de Pernambuco (UFAPE). Doutora em Educação e Mestra em Direito pela Universidade Federal de Pernambuco (UFPE). E-mail: professoraanapontes@gmail.com; Instagram: @profanapontes.

pelo sistema tributário deriva da apropriação desse trabalho feminino, a coletividade apropria-se de benefícios que não apenas retornam de forma adequada para suas necessidades, mas as mantêm distantes dos espaços de poder nos quais poderiam ter mais oportunidades de alterar esse quadro.

Palavras-chave: Trabalho doméstico feminino; Desigualdade; Justiça Fiscal.

Abstract: Departing from provocations about work historically associated to the female role in society (domestic planning and execution, and human care), we observe its contribution to gender inequality and possible ways to address these problems through fiscal justice. The degradation of social tissue with capitalism ascension and a brief analysis of social production and reproduction caused by Silvia Federici's Marxist feminism are used to reflect on how women's time is appropriated in its destination to unpaid labor, which increases the gender gap, and on how the tax system doesn't act to address this inequality, but aggravates it. Since a significant part of taxed male revenue derives from the appropriation of women's unpaid labor, society appropriates benefits which not only come back to their needs, but which keep women far from spaces of power, where they would have more opportunities to change that reality.

Keywords: Female domestic labor; Inequality; Fiscal Justice.

INTRODUÇÃO

Frequentemente invocados, os princípios do Estado Democrático de Direito vedam, ao menos formalmente, diferenciação de tratamento entre homens e mulheres. A Constituição, além de consagrar o princípio de igualdade no artigo 5º, reforça esse aspecto no campo tributário no artigo 150, inciso II, ao vedar tratamento desigual entre contribuintes que se encontrem em situação equivalente. Não obstante, diversos fatores contribuem para tratamentos normativos e resultados absolutamente desiguais na vida de homens e mulheres.

Ao estabelecer um dever permanente de redução das desigualdades sociais ou regionais e de busca de desenvolvimento (artigos 3º e 5º), a Constituição assume uma escolha que – ao menos em tese – deveria incluir o envidamento de esforços para superação dessa desigualdade. Impressiona não é que a desigualdade exista, mas a escassez de esforços para sua redução. Soma-se o lapso crítico de parte de estudiosos da esfera tributária, que pretendem justificar a inércia na redução dessas desigualdades optando pela estratégia simplória de negar sua existência. Como se ignorar o assunto o fizesse desaparecer.

É tema central deste artigo a necessidade de reflexão sobre a tributação frente a desigualdade de gênero, com contribuições de pesquisadoras feministas sobre a relação do trabalho doméstico não remunerado com a manutenção da desigualdade entre homens e mulheres. A iniciativa tem por justificativa mais de um motivo. O primeiro é a finalidade de que tributaristas mulheres ampliem sua voz, inclusive para jogar luz sobre aspectos que não são suficientemente debatidos, como fatores menos visíveis que alimentam o desequilíbrio. Há um segundo aspecto: a urgência do combate à desigualdade de gênero na esfera tributária no Brasil. O problema consiste em investigar como foi engendrada a naturalização do trabalho interno das casas e do cuidado como algo inerente à mulher e como o atual sistema tributário brasileiro segue alimentando essa desigualdade mediante situações mais e menos diretas. O objetivo consiste em realizar provocações sobre como a desigualdade geral fiscal em conjunto com a baixa representatividade feminina em cargos de poder atua para haver menor investimento em políticas públicas que beneficiariam mulheres de forma mais efetiva por um lado e como, por outro, o próprio sistema atua na manutenção não apenas na injustiça fiscal e econômica entre homens e mulheres, mas escalona mulheres em função de raça, classe e etnia.

Na pauta da reforma tributária brasileira não transparece a preocupação necessária com essa desigualdade, em especial considerando a preponderância de tributaristas homens. Perdem-se, com a invisibilização do tema, preciosas chances de reformas infraconstitucionais que poderiam promover, ainda que minoritárias, alguma sorte de mudança na tributação familiar e redução de desigualdades de gênero, tônica ainda muito forte na legislação.

Esta reflexão se debruçará sobre os impactos do trabalho reprodutivo e produtivo para mulheres e homens, como essa situação dialoga com a desigualdade tributária, e sobre como alterações nos sistemas tributários podem ser instrumentos razoáveis para redução dessa distância, inclusive pela possibilidade de alocação de recursos públicos em políticas para mitigar a distância entre homens e mulheres.

1. TRABALHO REPRODUTIVO DAS MULHERES: NOTAS INSPIRADAS POR SILVIA FEDERICI

Calibã e a bruxa, obra clássica de Sílvia Federici, examina o investimento do capitalismo no sexismo e no racismo e demostra como a consolidação do sistema capitalista depende da subjugação das mulheres, da escravidão da população negra e indígena e da exploração das colônias. O trabalho não remunerado transforma-se em suporte necessário ao trabalho assalariado, o que leva ao realizado pelas pessoas escravizadas, mas também ao das mulheres confinadas ao ambiente doméstico.

Federici parte de Marx, mas vai além. A principal contribuição de seu livro pode ser percebida em seu repensar da representação de Marx sobre a acumulação primitiva, conquanto ela aponte diversas falhas no discurso. Uma delas é a de que o capitalismo teria alguns aspectos progressistas. Os momentos e fôlegos de libertação das mulheres não corresponderam a válvulas ou a aperfeiçoamentos do sistema, mas foram resultado da luta e da resistência autônomas às dinâmicas capitalistas.

Federici desvela as fragilidades do discurso marxista e busca apontar algumas de suas lacunas. Mais do que cegar-se (com utilidade?) para a exclusão feminina e sua inclusão no trabalho reprodutivo, Marx ignorou a instrumentalização dos corpos femininos para que se convertessem em "máquina para a produção de novos trabalhadores" (FEDERICI, 2004, p. 12). Não necessariamente Federici se afasta de Marx, mas enxerga para além do que foi possível a ele.

Observa Jodi Dean, no artigo "Silvia Federici, a exploração das mulheres e o desenvolvimento do capitalismo", que os homens reivindicam propriedades em rebanhos, armas e instrumentos de trabalho. Eles insistem em herança e autoridade paternas e afirmam controle sobre o lar. A subordinação resultante das mulheres na família patriarcal e depois na família monogâmica, explica Dean, citando Engels, reduziu-as à servidão: a mulher tornou-se escrava do homem, de sua "luxúria e um mero instrumento para produção de filhos" (ENGELS, 2019, p. 60). Dean nota que a apresentação de Federici do corpo feminino como máquina para produção de novos trabalhadores é entendimento que Engels teve um século antes.

Dean também faz suas observações:

> Mas nem todas as esposas: as mulheres proletárias, de fato, têm um grau de liberdade que falta às mulheres burguesas. Ganhando salários nas fábricas, as mulheres proletárias podem ser as principais provedoras de renda de suas famílias, eliminando assim qualquer base material para a superioridade masculina e aumentando a independência das mulheres proletárias. Engels não é ingênuo aqui. Ele reconhece plenamente o conflito entre o trabalho dentro do lar e o emprego em trabalho assalariado; não há tempo para uma mulher fazer os dois. Mas, em vez de pedir uma solução privada para o problema, em que casais redistribuam seu trabalho doméstico, Engels a socializa: a libertação das mulheres depende de sua participação na produção pública e da abolição da família monogâmica. Em contraste com Federici, então, Engels vê uma dimensão libertadora para o desenvolvimento capitalista, especialmente da perspectiva das mulheres proletárias. Oportunidades de ganhos também podem ser oportunidades de romper os limites do confinamento da vida familiar e comunitária. Uma diminuição na labuta do trabalho doméstico pode aumentar as possibilidades de liberdade. A análise de Federici teria sido diferente se ela tivesse levado Engels em consideração? Talvez não.

Um dos aspectos admiráveis no alcance do olhar de Federici em relação a Marx e Engels é notar as alterações na experiência de comunidade e solidariedade no trabalho feminino como uma de suas forças, comentando como o isolamento compreende uma das características do capitalismo que enfraquece a posição das mulheres. Ainda que *Calibã e a bruxa* seja frequentemente identificada como uma obra que analisa o fim do feudalismo e a ascensão do capitalismo na Europa, usando o dado da queima de "bruxas" como instrumento para garantir a divisão entre as mulheres, ela observa mais. Analisa com habilidade que a violência dos assassinatos contra mulheres fundamentava-se em diversos aspectos políticos, pois atingiam a unidade, os acordos femininos de apoio mútuos e atingia os aspectos de sabedoria e conhecimento femininos, pois se voltava especialmente contra mulheres mais velhas, camponesas, estrangeiras e que dominavam conhecimentos especiais sobre a natureza, sobre temas sociais e principalmente sobre as próprias mulheres. Fazendo um paralelo, pode-se observar, por exemplo, o quanto foi útil eliminar as mulheres que possuíam domínio do próprio corpo e da saúde sexual e reprodutiva para abrir espaço ao domínio dos homens, tanto maridos e interessados em produzir novas vidas para o capitalismo como para os profissionais da medicina de antanho (e até atuais, como se vê no clamor que causa a discussão das enfermeiras obstétricas).

Em busca de novas fontes de riqueza, a classe dominante na Europa retorna em busca de "conquista, escravidão, roubo, assassinato, em resumo, força" (FEDERICI, 2004, p. 62). Essa dimensão é visível por meio da acumulação de colônias, nas quais o colonialismo, a escravidão e o genocídio foram armas duradouras. Federici observa em Marx que a análise deste contém certa negligência quanto à condição da mulher e a sua posição social diante dos impactos da acumulação e na reprodução da força de trabalho, pois era também uma acumulação de diferenças e divisões dentro da classe trabalhadora (FEDERICI, 2004, p. 62-3).

Ela destaca os impactos específicos da privatização de terras, pois a perda das terras comunais teve efeitos sociais que foram ignorados: com o espaço social eliminado, o apoio mútuo familiar e comunitário sofreu lacunas visíveis que atingiram especialmente as mulheres, as quais já viviam mais cerceadas ao ambiente doméstico e tinham pouco espaço de ação, tanto por seu papel de cuidadoras de descendentes e ascendentes, como pela fragilidade de sua segurança nos chamados espaços públicos, obrigando-as a restringir-se a determinados caminhos e horários ou a permanecer em casa (e cá estamos nós, centenas de anos depois em situações similares).

Com seu trabalho interno constantemente desvalorizado como improdutivo, cristalizou-se a ideia de que esse trabalho fosse um dever biológico femeal. No Direito, isso foi sacramentado em códigos que estreitavam ainda mais o alcance das mulheres ao que era comunal e que sinalizaria alguma sorte de ascensão profissional: mulheres foram impedidas de celebrar contratos, de receber salários e de possuir propriedades até bem pouco tempo. Na verdade Federici (2004, p. 97) observa que a mulher foi tornada um novo recurso, uma nova posse, em especial as mulheres pertencentes ao proletariado (embora as nobres também fossem mercadejadas em outros formatos, aparentemente mais sofisticados). Embora Marx observe que proletários passam a explorar esposa e filhos,[2] ele não avança na percepção dos prejuízos do espaço comunal para mulheres e nas sabotagens sofridas nesse contexto, que atingem os delicados sistemas de apoio mútuo entre mulheres.

---

2 "Anteriormente, o trabalhador vendia sua própria força de trabalho, da qual ele dispunha como agente livre, formalmente falando. Agora ele vende esposa e filho. Ele se tornou um traficante de escravos" (MARX, Karl. O capital, livro 1. São Paulo: Boitempo, 2011, p. 469).

O trabalho doméstico feminino passou a ser considerado, de certa maneira, praticamente um recurso da natureza, para o qual não apenas não se necessita contraprestação, mas que é acessível a quem desejasse e que evidentemente se espera por quem tomasse posse da mulher, algo esperado como um pacote humano. Mesmo que essa mulher sobrecarregada acrescesse uma carga e unisse um trabalho remunerado, mesmo no espaço privado, os frutos dessa iniciativa no mais das vezes pertenceriam ao consorte. A dependência das esposas não se circunscrevia a sua exclusão do trabalho assalariado, pois, se fossem incluídas em trabalho assalariado, seus maridos tinham direito ao salário que auferissem. Quando se observa essa percepção de Federici sobre o período medieval, causa tristeza lembrar que, ainda hoje, em canaviais diversos do nordeste brasileiro, esposas e crianças de cortadores de cana trabalham ao lado de homens pobres que, apesar da miséria, recebem pessoalmente o valor correspondente ao trabalho de toda a família.

Um ponto curioso constitui o resultado das ponderações de Federici sobre a dominação das mulheres, ao lado do controle colonial. A política expansionista colonial teve por base diversas ações de genocídio e servidão de muitos povos, com exploração de recursos naturais e, sobretudo, humanos. Uma narrativa de superioridade, já realizada com base na branquitude, uniu-se ao gênero (as mulheres – mesmo brancas – já eram classificadas como seres com propensão à perversão e ao pecado e que precisavam do controle masculino, devido a sua inferioridade e fragilidade moral e física). O discurso cultural de supremacia foi amplificado para volumes muito superiores, chegando a uma suposta dicotomia entre humanidade e animalidade no que dizia respeito às mulheres e homens colonizados.

Assim como o Estado privou as mulheres dos direitos de propriedade e de celebrar contratos, a nova legislação privou negros e indígenas de direitos, mesmo os que já possuíam, vendo a escravidão como condição atávica. As mulheres colonizadas sofreram manipulações ainda mais graves de sua fertilidade e reprodução, com finalidades mais dolorosas: a criação forçada de uma força de trabalho escravizada. Se a sexualidade e o poder reprodutivo das mulheres brancas eram controlados para garantir descendência, entre outros fins, a esposa tinha, ao menos, o mínimo consolo de que seus filhos, especialmente homens, teriam algum ganho nesse controle no aspecto da garantia de recursos materiais futuros. No caso das mulheres negras e indígenas, elas sofreriam violações e indignidades de toda monta para serem obrigadas a reproduzir (inclusive com homens brancos, a fim de gerar características físicas supostamente desejáveis em seres humanos escravizados mestiços), cientes de que suas crianças teriam destino que elas frequentemente não suportavam mais viver, ou piores.

Federici trouxe à tona como o capitalismo ampliou as diferenças entre homens e mulheres, como forma de diminuir as segundas e de quebrar a unidade da classe trabalhadora. Ao descrever o mesmo processo em funcionamento no colonialismo, a interseccionalidade não adentra essa análise como instrumento necessário, embora seria ganho profundo de visão se o fizesse. Afinal, mulheres também exploram e oprimem outras mulheres, principalmente em busca de alguma liberdade. Raça e classe são recortes que nos afetam de forma muito diversa. Não é incomum antes e agora que mulheres brancas naturalizem a exploração doméstica de outras mulheres, quase sempre negras ou oriundas de etnias que foram colonizadas até os dias atuais, por exemplo.

O racismo foi e ainda é imposto de cima para baixo para proibir e até demonizar o contato de brancos com negros e indígenas e para hierarquizar o contato entre mulheres brancas, negras e indígenas, geralmente nesta ordem. Torna-se necessária, portanto, a interseccionalidade para compreender as opressões e exclusões das mulheres negras e indígenas que tornaram suas condições ainda mais fragilizadas até os dias atuais, inclusive na luta feminista para um equilíbrio fiscal digno, que contribua para a redução não apenas das desigualdades entre homens e mulheres, mas entre mulheres indígenas, negras e brancas.

2. RECEITA FISCAL, INVESTIMENTO EM POLÍTICAS PÚBLICAS IGUALITÁRIAS E REPERCUSSÕES DE GÊNERO

Em breve resgate histórico realizado pela pesquisadora Tainã Gois (2019), a estruturação da desigualdade de gênero não carrega aleatoriedade:

> Para além de um aprofundamento da divisão sexual do trabalho, cinde-os irreconciliavelmente, já que um domina o outro, pela hierarquização entre masculino e feminino. Ao promover o rebaixamento do valor da categoria social mulher, desenvolvendo em torno deste uma ideologia de gênero que

o inferioriza a partir da desvalorização de seu trabalho, tudo o que pende para o prato da balança do feminino é desvalorizado – como se a mulher e a reprodução não fossem mais necessárias para esse novo modo de produção, como se o privado, o doméstico, o orgânico, o sentimento, o corpo, fossem meros apêndices arrastados pelo desenvolvimento tecnológico do meio produtivo.

De forma a aumentar essas fendas, empresas – capitaneadas em sua maioria por homens – têm obtido isenções fiscais que, somadas, custam centenas de bilhões de dólares por ano aos países em desenvolvimento. Só no Brasil, por exemplo, se se ignorar a evasão fiscal e se se concentrar apenas nas renúncias fiscais, chega-se à cifra de R$ 348 bilhões em 2019.[3]

Ainda que a tributação diferenciada entre mulheres e homens aconteça tanto pelos desníveis de remuneração como pela desigualdade de ofertas de produtos ou ainda pela taxação de produtos femininos essenciais em face de produtos masculinos não essenciais, que se beneficiam de apoio governamental, é constante o apagamento das repercussões do trabalho doméstico e do cuidar. Este vai desde a maternidade ao cuidado com membros fragilizados, ainda que sejam parentes diretos de homens, invariavelmente cuidados por mulheres, de forma gratuita ou com baixa remuneração. Os impactos destas horas sobre o crescimento da vida educacional e profissional das mulheres, reduzindo seu crescimento econômico, por exemplo, é um dos elementos frequentemente obnubilados na travessia de homens e mulheres pela busca do trabalho remunerado.

Nem se estão destacando elementos mais quantificáveis e evidentes, como a falta de isonomia entre homens e mulheres no mercado de trabalho, repleto de discriminações estruturais que frequentemente não são contidas pelo estado de forma eficiente. Momentos mundiais que geraram normas sobre direito das mulheres, como a Convenção para a Eliminação de Todas as Formas de Discriminação Contra as Mulheres (CEDAW), de 1979, e a Declaração sobre Igualdade entre as mulheres e os homens como critério fundamental da democracia, do Conselho da

---

3 TRIBUNAL DE CONTAS DA UNIÃO. Qual o valor da Renúncia Fiscal da União? 2021. Disponível em <https://is.gd/TCU0002> ou <https://sites.tcu.gov.br/fatos-fiscais/renuncia_fiscal.htm>. Acesso em 20 jul. 2021.

Europa (Istambul, 1997), não tiveram o condão de arrefecer suficientemente as dificuldades.

Além de serem discriminadas no mercado de trabalho, sofrendo os efeitos do "teto de vidro" ou do "espelho", mulheres também ganham menos do que os homens, mesmo quando obtêm postos equivalentes. Na prática, agrava-se a regressividade da tributação no que se refere às mulheres, mediante impostos sobre renda e consumo. Isso é realidade tanto no Brasil quanto em outros países.

Por meio da agenda dos Objetivos do Desenvolvimento Sustentável (ODS), governos de todo o mundo comprometeram-se com um futuro melhor até 2030. O propósito é que todas as desigualdades sejam enfrentadas; todas as formas de violência contra mulheres e meninas sejam eliminadas; os trabalhos não remunerados de cuidados e domésticos sejam reconhecidos e valorizados, por meio da garantia de direitos e serviços públicos acessíveis e de qualidade. Esse é o ponto. Não há reconhecimento, remuneração digna nem equilíbrio na divisão do trabalho doméstico e não remunerado de cuidados. O sistema tributário agrava essa desigualdade.

Kergoat (2002) observa a designação prioritária dos homens à esfera produtiva e das mulheres à esfera reprodutiva. Simultaneamente, os homens captam as funções com forte valor social agregado. A autora define o trabalho doméstico como aquele por meio do qual se realizam as atividades de cuidado e reprodução da vida, o qual é elemento fundante dessa divisão e, portanto, funcional e integrado ao modo de produção capitalista. Para ela (1996), a noção de trabalho doméstico não nega o poder dos movimentos sociais e dos agentes históricos e expõe como uma dimensão da divisão sexual do trabalho, quando da reestruturação trazida pelo desenvolvimento do sistema capitalista, que separa um espaço/tempo para trabalhar e obter salário do espaço/tempo do trabalho de reprodução.

No espaço reprodutivo, o trabalho doméstico compreende enorme porção da produção socialmente necessária. É fundamental para que o capital garanta a reprodução e a manutenção da classe trabalhadora: a venda da força de trabalho do proletário – e também da proletária, muitas vezes – é garantida pelas atividades domésticas, realizadas, na grande maioria, pela mulher, quer seja trabalhadora assalariada ou não, seja à noite e em finais de semana, seja por exploração em cascata das filhas que cuidam das crianças mais novas. Como o trabalho doméstico não objetiva a criação de mercadorias, mas sobrevivência da família, no fim das contas o capital também se apropria indiretamente da esfera da reprodução.

Neste ponto se localiza nossa provocação: a esfera atual das coisas permite que o bem do tempo das mulheres seja apropriado na destinação de trabalhos não remunerados, aumentando o abismo em relação aos homens, sem que o sistema tributário atue para combater essa desigualdade ou, na realidade, vindo a piorá-la. Parte significativa da renda masculina e taxada pelo sistema tributário deriva de apropriação do trabalho gratuito feminino. A coletividade apropria-se de benefícios que não retornam de forma adequada para as necessidades de homens e mulheres na coletividade. Com a vasta maioria de cargos de poder ocupados pela parcela masculina, parece inverossímil que esforços sejam empreendidos para obter equilíbrio nesse campo.

Kergoat (2003) afirma que o trabalho de reprodução é considerado função e território feminino, e a noção de trabalho doméstico está ligada às relações afetivas da família e baseada na "disponibilidade" materna e conjugal das mulheres. A proposital confusão entre expressão do amor na esfera dita "privada" e o quanto isso mantém as mulheres ocupadas demais para buscar espaço decisório e equidade de condições são fatores que as afundam no mar de gestos repetitivos e atos do cotidiano de manutenção do lar e de educação dos filhos, que são atribuídos quase exclusivamente às mulheres.

As tarefas ditas femininas viram obstáculo para que mulheres consigam alguma sorte de igualdade – e aqui se fala de oportunidades e não de igualdade real – para sequer concorrer na disputa por trabalho assalariado, quiçá por espaços de poder que possam mais bem mover as estruturas que mantêm o sistema fiscal, entre outros, desequilibrado. Frequentemente, as mulheres que podem recorrem à jornada de trabalho parcial para compensar a exaustão da dupla jornada de trabalho sem sucesso, pois a diferença de tempo dispendida vai muito além de duas horas diárias a mais para cuidar das demandas de uma residência com duas pessoas. Juntando a maternidade, a situação avilta-se e é responsável frequentemente pela paralisação dos estudos de muitas jovens, cuja situação só se consolida ao longo do tempo na maturidade. Mesmo se o marido também trabalhar na mesma empresa, no mesmo trabalho e com idêntica carga horária, é evidente que a mulher tenderá a trabalhar muito mais, e a disponibilidade do casal para a empresa é fruto também de exploração do trabalho doméstico da mulher, que garante as jornadas de ambos. Agrava o fato de que, na maioria das situações, em situações de redução de quadro de pessoal, a mulher – precisamente por ser a mais sacrificada no acúmulo de horas e a que faltará em caso de problemas domésticos – será a escolhida para demissão. Enfrentará, entre outros ônus, os custos profissionais e emocionais da recolocação profissional.

A ideia de uma "rede de apoio" termina também sendo trabalho feminino. Tão pais como as mulheres são mães, homens beneficiam-se das diversas acrobacias feitas pelas mulheres para manter essas relações, à custa de muito esforço social. Hirata (2010), ao abordar o "modelo de conciliação", enfatiza caber quase exclusivamente às mulheres conciliar a vida familiar e a vida profissional. Ela ressalta que quando se fala de conciliação, é importante falar de conflito. Por isso, aponta que o modelo de delegação substitui o modelo de conciliação, pois possibilita delegar a outras mulheres as tarefas domésticas. Para os grupos privilegiados, a contratação de empregadas domésticas preenche a lacuna das mães no domicílio durante o período em que as crianças voltam para casa e as mães estão ainda no trabalho. Nas camadas mais pobres, cuja insuficiência de renda dificulta essa delegação, o resultado são crianças que permanecem sozinhas ou filhas ainda crianças nessa posição por serem alguns poucos anos mais velhas do que as demais. Também ocorre de vizinhas ou mulheres e adolescentes em situação ainda mais vulnerável que receberão uma pequena parte de um salário já insuficiente da trabalhadora que delega a mulheres adultas crianças quando retornam da escola ficam sob os cuidados de vizinhas ou irmãs mais velhas. Nesse ponto, mais uma vez, recordamos que o instrumento da interseccionalidade é o que dá sentido a compreensão mais exata do feminismo como busca de equidade não apenas entre homens e mulheres, mas entre mulheres e mulheres.

Apesar de todas as situações acima expostas, o discurso permanece forte e vivo: são sacrifícios supostamente colocados na conta de uma exortação ao "amor". Como se negar a expressar amor por conformação com a desigualdade pudesse significar negação do amor em sua essência. Lembra Hirata (2002) que a relação entre o trabalho doméstico e a afetividade parece estar no centro da permanência da divisão sexual do trabalho reprodutivo.

Nesse contexto, quando os impostos não são arrecadados e alocados de forma justa, são as mulheres que pagam o vultoso preço. As mulheres negras e pobres arcarão com a carga mais pesada, porquanto pagam proporcionalmente mais impostos do que os demais segmentos sociais no Brasil. Danielle Victor Ambrosano[4] observa:

> Para comprovar esse dado, basta avaliar a presença de bens permanentes relacionados a tarefas domésticas. Em 2018, 44,8% da população preta ou parda residia em domicílios sem máquina de lavar, proporção esta superior ao dobro da verificada na população branca (21%). Isso se apresenta como um importante indício de que a população preta ou parda, em especial as mulheres, tem maior sobrecarga de trabalho doméstico. Além disso, muitas mulheres negras não se utilizam da mão de obra de outras mulheres negras, que são a maioria entre as trabalhadoras domésticas, para a execução das tarefas do lar. Dessa forma, o que se verifica é que a mulher negra, por diversos fatores sociais vinculados à superposição das opressões de gênero e de raça, aufere as menores rendas e, apesar disso, por possuírem a maior parte da sua renda decorrente do trabalho assalariado, que é proporcionalmente mais tributado do que as altas rendas provenientes do capital e a percepção de lucros e dividendos, sofrem diretamente com as graves e injustas características do sistema brasileiro da tributação da renda e do patrimônio. A baixa progressividade da tributação da renda e do patrimônio aumenta a concentração de riqueza e fosso existente entre brancos e negros, mulheres e homens nos diversos indicadores sociais (possibilidade de acesso à educação de qualidade, alimentação, disponibilidade de renda, aquisição de patrimônio, acesso a serviços de saúde, etc.).

A justiça fiscal pode atuar na qualidade de vida das mulheres de formas variadas. Não é possível ignorar sua relação com a desigualdade gerada pelo trabalho reprodutivo não remunerado. Não por acaso, Angela Davis recorda que uma consequência ideológica do capitalismo industrial foi o desenvolvimento de uma ideia mais rigorosa da inferioridade feminina. "De fato, parecia que quanto mais as tarefas domésticas das mulheres eram reduzidas, devido ao impacto da indus-

---

4 AMBROSANO, Danielle Victor. Justiça fiscal e desigualdade de gênero e raça no Brasil. Dissertação (mestrado). UFPE, 2021. Disponível em: RI UFPE: Justiça fiscal e desigualdade de gênero e raça no Brasil

trialização, mais intransigente se tornava a afirmação de que 'o lugar da mulher é em casa' " (DAVIS, 2016, p. 45).

De início, recorde-se que um caminho frequentemente enunciado para uma possível igualdade costuma ser a educação. Afinal, identificada como direito fundamental para todas as crianças e instrumento para redução das desigualdades, a educação ampliaria as oportunidades. Esse raciocínio é apenas parte da equação. Em vários países, as mulheres têm ingressado amplamente nas escolas e universidades, sem obter igualdade de remuneração (PERET, 2018).

A despeito dessas dificuldades, as estimativas são positivas sobre o impacto na qualidade de vida de forma geral e na criação de filhos e filhas. Se todas as mulheres completassem o ensino fundamental, haveria diminuição de dois terços das mortes maternas e redução de 15% da mortalidade infantil. Observa-se um ciclo benfazejo: mães com acesso à educação cuidam melhor da própria saúde e da saúde de sua prole e ensinam aos filhos e filhas a cuidar melhor de sua saúde, gerando também maior expectativa de vida. Um sistema tributário progressivo, acompanhado de despesas redistributivas, poderia gerar receitas significativas para investir na educação por meio de políticas eficazes de mobilização de arrecadação tributária.

Mas seria eficiente para a situação específica das mulheres? Há caminhos. O investimento na educação das mulheres que são mães apresenta impactos positivos nos aspectos comentados, como a relação entre educação e saúde e o efeito multiplicador que o impacto familiar tem. Todavia, não bastaria investimento em educação de forma genérica, mas priorizando especificamente o acesso de mães ao ensino fundamental, médio e superior.

Para tanto, existem outros trajetos frequentemente esquecidos: a existência de creches estudantis, permitindo que mães estudantes permaneçam nestes espaços e programas de incentivo para mães que interromperam seus estudos retornarem ao ambiente escolar com garantia de espaço seguro para sua prole. A mulher é chamada a participar do mercado de trabalho em expansão sem suporte social que lhe garanta desenvolver suas atividades profissionais ou conciliá-las com suas atribuições de mãe, que são evidentemente majoradas na desigualdade da parentalidade. As demandas por creches foram pauta de reivindicações de movimentos sociais, sobretudo, no Movimento Feminista e no Movimento de Luta por Creche, percebidas como direito social das mães trabalhadoras e da creche como instituição a ser mantida pelo estado. A história das creches no interior das universidades nasceu para responder às reivindicações das mães funcionárias, sem pensamento do benefício das estudantes mulheres. A despeito dos esforços do movimento de mulheres para inclusão do direito a creche na Consolidação das Leis do Trabalho, esta foi descumprida e ignorada. A própria universidade, enquanto empregadora, não se sentiu obrigada a cumprir a lei federal em relação a suas servidoras, a mostrar quão distante ainda se está, mesmo setenta anos depois, de creche ampla para estudantes mulheres. A criação da primeira creche universitária, a Francesca Zácaro, na Universidade Federal do Rio Grande do Sul, ocorre em 1972, e, por muitos anos, tem pouca companhia. Segundo Rosemberg (1989), a primeira manifestação pela implantação de creches para atender às mães funcionárias de universidades no Estado de São Paulo, por exemplo, vem acontecer apenas em 1975.

Apesar de a marcha não ter ultrapassado os muros do campus universitário, dois fatos chamavam a atenção: ser manifestação pública específica e reunir funcionários homens e mulheres de uma entidade. Essa marcha reforça outra frente de luta, não mais vinculada ao local de moradia, mas ao local de trabalho (ROSEMBERG, 1989, p. 96).

Um dos grandes entraves consiste em não existir legislação nacional tratando explicitamente da instituição de creches nas universidades, que podem ser substituídas, no caso das servidoras, por auxílio-creche pecuniário, frequentemente muito inferior ao valor cobrado nas creches privadas. As creches existentes são respaldadas por meio de decretos que dizem respeito à assistência pré-escolar. Há diversas creches universitárias que incluem a prole de estudantes nas vagas remanescentes e – também nas vagas restantes – crianças da região próxima. Isso reforça a tese da profunda lacuna de oportunidades para estudantes mães conseguirem ingressar e manter-se na universidade. A possibilidade de mulheres qualificarem-se para o mercado de trabalho por meio de graduações universitárias passa pela redução da carga do trabalho reprodutivo, cujos investimentos poderiam ser assegurados por uma destinação consciente dos tributos brasileiros em políticas públicas bem direcionadas a esta categoria de mulheres.

A redução das renúncias fiscais e o combate à evasão renderiam verbas suficientes para investimentos específicos tanto no crescimento da participação das mulheres que são mães na educação formal como no planejamento da maternidade e da prole. Contudo, além da baixa representatividade feminina em espaços de poder, e aqui se fala de representatividade política, e também em espaços de poder de gestão em universidades e outros, é próprio da estrutura patriarcal capitalista a demonização do controle das mulheres sobre si e sobre a coletividade. A redução da evasão fiscal e da renúncia fiscal é um caminho, mas ainda insuficiente para a criação, manutenção e ampliação de políticas públicas direcionadas a combater essas distorções e lacunas de oportunidades. É preciso mais.

3. BAIXA REPRESENTATIVIDADE EM ESPAÇOS DE PODER E A INVISIBILIZAÇÃO DA RELAÇÃO DO TRABALHO GRATUITO DO CUIDADO COM A DESIGUALDADE

Uma das razões do baixo investimento, ou, como preferimos, do investimento mal desenhado para propostas eficientes em educação, saúde e segurança das mulheres consiste, entre outras causas, em que parte significativa dessas políticas públicas se elabora sem participação de mulheres em quantidade e em diversidade de classe, raça e etnia. Ampla representatividade feminina poderia melhorar essas políticas, aumentando sua eficiência, alcance e qualidade. Embora não seja certo que aperfeiçoaria os aspectos a que se chamou a atenção, é certo que a baixa representatividade já demonstra, na prática, não ser o rumo adequado.

Transferir e redistribuir riqueza por meio da tributação tem o potencial de enfrentar a discriminação sistêmica baseada em gênero, raça/cor, idade, orientação sexual, deficiências e situação socioeconômica, embora seja um dos fatores e não o maior ou resolutivo por si.

Os países de baixa renda arrecadam cerca de dois terços de suas receitas tributárias por meio de impostos indiretos, como tributos sobre consumo de bens e serviços, que são regressivos e penalizam proporcionalmente mais os pobres. Nos países de rendimento elevado, esses impostos desempenham papel muito menor e representam, em média, um terço da arrecadação tributária. Impostos indiretos não possuem o poder redistributivo que têm os impostos sobre a renda e, consequentemente, oneram desproporcionalmente as mulheres mais pobres.

Quando os países não arrecadam de forma progressiva o imposto sobre renda, não tributam adequadamente a renda decorrente de lucros e dividendos, favorecem as grandes corporações por meio de benefícios fiscais sem monitoramento do retorno social, ou fecham os olhos à elisão e evasão fiscal: a absoluta maioria desses recursos que deixam de ser arrecadados pelo estado é acumulada por homens.

Naturalmente, o poder público não é o único responsável, conquanto seja visível que o estado compõe-se de uma estrutura patriarcal manejada preponderantemente por homens, que lhes constroem os fundamentos e objetivos. Homens, embora tenham, tanto quanto as mulheres, responsabilidade sobre casas, idosos e prole, beneficiam-se de um construto que deposita sobre as mulheres esse trabalho, incluindo o tempo que será subtraído de seus planos, projetos e possibilidades de crescimento em outras áreas. Serviços públicos financiados por tributos custeados por homens e mulheres, especialmente na educação infantil, seriam medidas eficientes para acesso de metade da população a trabalho remunerado, educação, participação política adequada, lazer, crescimento pessoal e equidade.

CONCLUSÕES

A influência do gênero nos sistemas fiscais comumente é analisada de maneira um tanto superficial, em situações implícitas ou explícitas. Nas primeiras, quando se realiza nas diferenças presentes nas leis e regulamentos na forma como se aplicam a homens e mulheres. Por sua evidência, são de fácil comprovação e, por isso mesmo, menos comuns (exemplo usual ocorre na legislação sobre o imposto sobre a renda). Há discriminação negativa implícita quando só é exposta por meio de diferenças na forma como um sistema fiscal afeta o bem-estar de mulheres e de homens. Sua percepção é mais difícil por ser sutil, e, embora possa ser assim considerada pelo meio, seus efeitos frequentemente passam longe da sutileza. Não é incomum que uma discriminação implícita seja justificada por comportamentos sociais ou variações econômicas.

Metas de alguma equidade, ainda que inferiores às sonhadas, só serão alcançadas com adequado financiamento, o que só se concretizará com um sistema tributário marcado por justiça e equilíbrio. A política fiscal é poderoso caminho para reduzir as desigualdades entre pobres e ricos, mulheres e homens, e estreitar longas lacunas que separam um mundo mais equilibrado.

Os tributos suportados pela sociedade são a principal fonte das receitas que alimentam um país e sua gestão e permitem a maior parte dos serviços públicos dos quais dependem homens e mulheres. A justiça fiscal que não perde de vista a arrecadação e, sobretudo, alocações orçamentárias sensíveis ao gênero e suas desigualdades é mais do que urgente.

Em uma perspectiva interseccional, outros aspectos se unem, como o problema racial e a diversidade étnica e as variantes de classe, indispensavelmente consideradas para refletir sobre gênero e justiça fiscal no Brasil e no mundo. O alcance e a eficácia dos direitos humanos requerem orçamentos que contribuam para maior equilíbrio e menos discriminação lesiva.

Para que o sistema tributário cumpra sua função redistributiva, carece-se de representantes mulheres que invistam em ações afirmativas tributárias, atacando conscientemente a pobreza, o subemprego e a sub-remuneração, que atingem mulheres. Previsão de remuneração pelo trabalho doméstico em todos os âmbitos e ampliação da possibilidade de isenções e outros instrumentos para o trabalho do cuidado são desafios não apenas práticos do ponto de vista material, mas sobretudo culturais, que demorarão para contemplar nossas netas. Ainda assim, reescrever a história de suas mães e de avós para novas possibilidades de emancipação e justiça precisa ser uma das esperanças que alimentam a visão das mulheres de todas as origens.

REFERÊNCIAS

AMBROSANO, Danielle Victor. *Justiça Fiscal e Desigualdade de Gênero e Raça no Brasil.*

Dissertação de Mestrado. Programa de Pós Graduação Em Direito da UFPE. Defendida em 27 de maio de 2021.

DAVIS, Angela. *Mulheres, raça e classe.* Tradução de Heci Regina Candiani. São Paulo:

Boitempo, 2016.

DEAN, Jodi. *Silvia Federici, a exploração das mulheres e o desenvolvimento do capitalismo. Blog da* Boitempo. Disponível em: <https://is.gd/Div0213> ou <https://blogdaboitempo.com.br/2021/05/25/silvia-federici-a-exploracao-das-mulheres-e-o-desenvolvimento-do-capitalismo/>. Acesso em 20 jul. 2021.

ENGELS, Friedrich. *A origem da família, da propriedade privada e do Estado.* São Paulo: Boitempo, 2019.

FEDERICI, Silvia. *Calibã e a bruxa:* mulheres, corpo e a acumulação primitiva. São Paulo: Elefante. 2017.

GÓIS, Tainã. Trabalho reprodutivo e bem comum: entre a luta contra a exploração e a urgência de barrar mercantilização da vida. In: Universidade Federal Fluminense (Núcleo Interdisciplinar de Estudos e Pesquisas sobre Marx e o Marxismo – NIEP-Marx). *Anais do Colóquio Internacional Marx e o Marxismo 2019* – Marxismo sem tabus: enfrentando opressões. 2019, Niterói. Disponível em <https://is.gd/Div0212> ou <https://www.niepmarx.blog.br/MManteriores/MM2019/Trabalhos%20aprovados/MC30/MC302.pdf>. Acesso em 20 jul. 2021.

HIRATA, Helena. Emprego, responsabilidades familiares e obstáculos sócio-culturais à igualdade de gênero In: *Observatório Brasil da Igualdade de Gênero.* Brasília: Secretaria Especial de Políticas Públicas para as Mulheres. Dez. 2010. p. 45-49.

KERGOAT, Danièle. Divisão sexual do trabalho e relações sociais de sexo. In: EMÍLIO, Marli; GODINHO, Tatau; NOBRE, Miriam; TEIXEIRA, Marilane (orgs.). *Trabalho e cidadania ativa para as mulheres*: desafio para as políticas públicas. São Paulo: Coordenadoria Especial da Mulher, 2003. p. 55-63.

————. A relação social de sexo: da reprodução das relações sociais à sua subversão. *Pro-posições*, v. 13, n. 1, jan./abr. 2002, p. 47-59.

MARX, Karl. O capital, livro 1. São Paulo: Boitempo, 2011.

PERET, Eduardo Peret. *Mulher estuda mais, trabalha mais e ganha menos do que o homem.* Agência IBGE. 7 mar. 2018. Disponível em <https://is.gd/IBGE036> ou <https://agenciadenoticias.ibge.gov.br/agencia-noticias/2012-agencia-de-noticias/noticias/20234-mulher-estuda-mais-trabalha-mais-e-ganha-menos-do-que-o-homem>. Acesso em 20 jul. 2021.

ROSEMBERG, Fúlvia. O movimento de mulheres e a abertura política no Brasil: o caso das creches (1984). In: ROSEMBERG, Fúlvia (org.). *Temas em destaque: creche*. São Paulo: Cortez/Fundação Carlos Chagas, 1989, p. 90-102.

TRIBUNAL DE CONTAS DA UNIÃO. Qual o valor da Renúncia Fiscal da União? 2021. Disponível em <https://is.gd/TCU0002> ou <https://sites.tcu.gov.br/fatos-fiscais/renuncia_fiscal.htm>. Acesso em 20 jul. 2021.

VETO À AGENDA 2030 NO ORÇAMENTO PÚBLICO: RETROCESSO INSTITUCIONAL NO COMBATE ÀS DESIGUALDADES NO BRASIL

Maria Raquel Firmino Ramos[1]

SUMÁRIO: Introdução ||| 1. A Agenda 2030 e o objetivo de redução das desigualdades ||| 2. Redução das desigualdades e os direitos humanos: o papel do orçamento público ||| 3. Veto presidencial aos ODS no orçamento público e o desmonte institucional do combate à redução das desigualdades ||| 4. Conclusão ||| Referências

Resumo: O veto presidencial aos Objetivos de Desenvolvimento Sustentável – ODS no Plano Plurianual de 2020-2023 sob a justificativa de não-cogência da regra de direito internacional, bem como a extinção da Comissão Nacional de Desenvolvimento Sustentável – CNODS, demonstram que o País tomou rumo contrário à persecução desses objetivos. Dentre esses, destaca-se o objetivo número 10, concernente ao combate a todas as formas de desigualdades. Diante disso, buscou-se no presente artigo demonstrar, com base em pesquisa exploratória, mediante análise bibliográfica e resultados de institutos de pesquisa, como este ato de vetar o financiamento dos ODS e a extinção da CNODS se apresentam como fatos notórios de um processo coordenado de desinstitucionalização das políticas públicas voltadas a diminuir o combate às distintas formas de desigualdades existentes na sociedade brasileira. Concluiu-se

---

1 Professora. Advogada. Doutoranda em Ciências Jurídico-Econômicas pela Universidade de Coimbra. Mestra em Direito Público pela Universidade Federal de Alagoas. Especialista em Direito Tributário pelo Instituto Brasileiro de Estudos Tributários. E-mail: mraquelfirmino@gmail.com

que mesmo constando como objetivo fundamental na Constituição de 1988, a partir de 2019, esta função tem sido flagrantemente desprezada pelo governo federal.

PALAVRAS-CHAVE: Agenda 2030. Orçamento Público e Direitos Humanos. Combate à Desigualdade.

Abstract: The presidential veto of the Sustainable Development Goals – ODS in the 2020-2023 Public Budget due to the non-cogency of the rule of international law, as well as the extinction of the National Commission for Sustainable Development – CNODS, demonstrate that the country has taken a contrary course to the pursuit of these goals. Among these, goal number 10 stands out, concerning the fight against all forms of inequality. In view of this, this article seeks to demonstrate, based on exploratory research, through bibliographic analysis and results from research institutes, how this act of vetoing the financing of SDG and the extinction of the CNODS present themselves as notorious facts of a coordinated process of deinstitutionalisation of public policies aimed at diminishing the fight against the different forms of inequality existing in Brazilian society. It was concluded that, even though this function has been included as a fundamental objective in the 1988 Constitution from 2019 onwards, it has been flagrantly disregarded by the federal government.

Key Words: Agenda 2030. Public Budget and Human Rights. Fighting Inequality.

INTRODUÇÃO

A Organização das Nações Unidas – ONU estabeleceu, em 2015, dezessete objetivos para o desenvolvimento sustentável – ODS definindo como base a erradicação da pobreza e todas as suas dimensões como fundamentais para a efetivação da Agenda 2030. Dentre esses objetivos, destaca-se o décimo – a redução das desigualdades – em razão de este ser condição *sine qua non* para se realizar os demais. Para a concretização desse objetivo – e dos outros propostos – organismos econômicos internacionais, bem como a própria ONU, destacam como fundamental a elaboração de uma política fiscal, que envolva tributação e orçamento, capaz de arrecadar e destinar recursos necessários para a implementação desses objetivos até 2030.

No Brasil, entretanto, o dispositivo do Projeto de Plano Plurianual – PPA de 2020-2023 (sancionada como a Lei 13.971, de 27 de dezembro de 2019) que previa os ODS como diretrizes no orçamento (art. 3°, VII) foi vetado pelo Presidente da República sob o argumento de inexistir processo de internalização das normas internacionais, conforme o art. 49, inciso I, e o art. 84, inciso VIII, da Constituição Federal. Considerando que o PPA é o planejamento orçamentário que garante dotação orçamentária para programas de médio prazo, verifica-se que nessa legislatura, o Brasil não se comprometeu com a efetivação dos ODS, situação bastante temerária para os esforços que o país vinha realizando na última década e que se coadunavam com essas metas.

Ademais, esse veto presidencial se sucedeu à extinção da Comissão Nacional de Desenvolvimento Sustentável – CNODS, instância paritária criada em 2016 e vinculada à Secretaria de Governo da Presidência da República, a qual competia, dentre outras atribuições, planejar, monitorar e articular entre órgãos e entes federativos acerca da persecução dos ODS no Brasil. Desde sua extinção em 2019, nenhum órgão semelhante foi estabelecido para tal finalidade.

Desse modo, o presente artigo pretende demonstrar de que maneira a ausência de esforços governamentais com o intuito de dar cabo àqueles objetivos, dentre os quais se incluem o combate às desigualdades sociais, equivale a um enorme retrocesso institucional – fragilizando, dessa forma, a implementação das políticas de direitos humanos destinadas à erradicação da pobreza e à promoção da igualdade, em suas distintas formas. Ademais, será realizada uma análise jurídica acerca das razões do veto.

O intuito, ainda, é verificar a legitimidade desses fundamentos especialmente diante do fato de que todos os objetivos da Agenda 2030 estão presentes em normas constitucionais. Para o desenvolvimento dessa pesquisa, de cunho exploratório, serão utilizadas as técnicas de análise de textos normativos (leis, normas internacionais, normas constitucionais) e doutrinários, bem como dados e relatórios emitidos por institutos de pesquisa (OXFAM).

Assim, com base nesse arcabouço inicial, conclui-se que o veto presidencial à implementação dos ODS no orçamento equivale a um grande retrocesso institucional, medida que, somada à extinção do principal órgão de articulação e planejamento daqueles objetivos, a CNODS, demonstra cabalmente o desmonte institucional no enfrentamento da pobreza e das desigualdades. Por fim, conclui-se que as razões do veto são insustentáveis, não havendo respaldo jurídico que as fundamente. No entanto, o veto serve para externalizar a pouca atenção que a presente gestão federal reserva às questões sociais mais urgentes.

1. A AGENDA 2030 E O OBJETIVO DE REDUÇÃO DAS DESIGUALDADES

Os direitos humanos se firmaram como pensamento hegemônico e como sinônimo de dignidade humana. Entretanto, a realidade demonstra que esse pensamento não foi capaz de garantir essa dignidade a todos os seres humanos, estando parte considerável da população global excluída da ideia de sujeitos de direitos humanos. Situação que nos faz pensar se esse discurso foi vitorioso ou demonstrou um fracasso na luta pela liberdade e igualdade traçada pelos *jus gentium*. Ao mesmo tempo, indaga-se se esse mesmo pensamento pode ser contra-hegemônico a ponto de repensar as suas bases em prol de resultados (SANTOS, 2016, p. 23-24).

No plano nacional, o Brasil inseriu no seu texto constitucional rígido fundamentos internos e princípios da ordem internacional orientados à dignidade humana (art. 1º, III) e à prevalência dos direitos humanos (art. 4º, II). De sorte que, claramente, estabelece uma harmonia com os instrumentos internacionais de promoção desse discurso dos direitos humanos. E mais uma vez, demonstra-se que o discurso e práticas andam em caminhos contrários, situação que é vista em diversas instituições brasileiras como o sistema econômico, que é regulamentado por viés social-democrata no texto constitucional, mas avançamos rapidamente para o recrudescimento do modelo liberal, na sua forma mais desigual.

E essa desigualdade não é igual para todos, na medida em que se acentuam essas disparidades socioeconômicas, excluem-se ainda mais as camadas já vulnerabilizadas da sociedade, que em passado recente, sempre foram, e continuam a ser, "a ralé" brasileira (SOUZA, 2009). São estes negros, negras, mulheres, indígenas, os quilombolas, trabalhadores pobres e demais minorias.

As estatísticas gerais já indicam grande problemática e clara injustiça, justamente porque quando se utiliza a ideia de injustiça está se mensurando uma base dada (a Constituição e direitos humanos) e a sua prática e as condições para o seu alcance. A realidade brasileira passou a ser alvo de duras críticas, porque em contrassenso ao pacto social que fizemos ao promulgar uma Constituição depois de duas décadas de autoritarismo e violações de direitos humanos, lutamos veementemente para combater esses mesmos problemas nessas mesmas instituições.

O Brasil convive com disparidades homéricas, contradições que o elevam a ocupar lugar no G-20, composto pelos países mais ricos do mundo, e o escanteia aos países mais desiguais do mundo. Cenário que obriga os indivíduos excluídos a conviverem com as constantes violações de direitos humanos, nos seus mais distintos vieses, tais como os mais óbvios: segurança pública, saúde, educação, emprego, acesso à moradia e infraestrutura urbana, porém, incidem de forma menos perceptível[2] nos sistemas de tributação e no orçamento público.

A busca pela redução das desigualdades, em suas multifacetadas dimensões tais como raça, classe, gênero, origem, opinião política, é resultado de caro pacto entre países unificado desde 1948 com a promulgação da Declaração Universal dos Direitos Humanos. Esse objetivo tem sido alvo de sucessivos planos globais para a combinação de esforços dos países-membros a para envidarem concretos esforços a fim de efetivarem as metas de implementação dos direitos humanos em determinado tempo.

Nesse movimento, em 2015 foi aprovada na Assembleia da ONU a Agenda 2030, composta pelos Objetivos do Desenvolvimento Sustentável – ODS, uma agenda global baseada nas três dimensões do desenvolvimento sustentável: a econômica, a social e a ambiental, como ato contínuo aos Objetivos do Desenvolvimento do Milênio – ODM para

---

2 É perceptível somente após uma análise acurada, considerando esta como a necessária análise técnica, para demonstrar uma realidade de desigualdade nesses sistemas que são vestidos por uma linguagem hermética.

serem implementadas pelos países-membros entre os anos de 2015 e 2030. Para isso estabeleceu 17 objetivos – os ODS e 169 metas para serem alcançadas pelos países, dentre eles, no objetivo 10 está a redução das desigualdades. Esses objetivos visam a um futuro de "[...] respeito universal aos direitos humanos e à dignidade humana, à democracia, ao Estado de direito, à justiça, à igualdade e à não discriminação, à educação para todos com igualdade de oportunidades, que permita a plena realização do potencial humano e contribua para a prosperidade compartilhada." (MINISTÉRIO DOS DIREITOS HUMANOS – ODS, 2018, p. 2).

Com essa preocupação intergeracional, os ODS querem aprofundar os ganhos dos ODM, que avançaram em diversas metas estabelecidas àquele tempo e que foram renovados em 2015, sob uma perspectiva mais ampla, dessa vez, considerando a sustentabilidade a longo prazo. Nessa nova forma de buscar efetividade, os ODS visam incentivar o crescimento socioeconômico integrado com a responsabilidade sócio ambiental mediante a distribuição da riqueza em concomitância com o crescimento econômico, respeito ao meio ambiente e integração das minorias na riqueza e bens sociais (MINISTÉRIO DOS DIREITOS HUMANOS – ODS, 2018, p. 2).

O Brasil participou ativamente na elaboração da Agenda 2030, por meio das contribuições de vários ministérios do governo federal, da sociedade civil e de representantes municipais que foram representados pelo Ministério do Meio Ambiente nas sucessivas discussões que se iniciaram em 2013 a 2015, quando neste ano foi apresentado o trabalho final de todos os países-membros tendo a composição da referida agenda. Dentre os objetivos e suas respectivas metas, neste trabalho destacamos a redução das desigualdades, como fundamental para o alcance dos demais. Afinal, é por meio da igualdade material que os indivíduos, como sujeitos de direitos, podem alcançar os demais objetivos (ITAMARATY, 2014, p. 4-5).

Desse modo, é notória a participação brasileira na busca pela implementação dos direitos humanos e redução das desigualdades sociais, por meio da assunção de compromissos internacionais e implementando essas orientações em seus ministérios e secretarias. Outro ponto fundamental é sua inserção no orçamento público, por se tratar de instrumento de planejamento orçamentário pelo qual o Estado modificará a realidade social ao exercer suas funções, sobretudo a de distribuir a renda.

2. REDUÇÃO DAS DESIGUALDADES E OS DIREITOS HUMANOS: O PAPEL DO ORÇAMENTO PÚBLICO

No modelo de bem-estar social, o orçamento público ganha centralidade, pois é a partir dele que podemos verificar se os direitos estão sendo concretizados. Conforme ensina Aliomar Baleeiro, o orçamento público dos Estados democráticos é "[...] o ato pelo qual o Poder Legislativo prevê e autoriza ao Poder Executivo, por certo período e em pormenor, as despesas destinadas ao funcionamento dos serviços públicos e outros fins adotados pela política econômica ou geral do país, assim como a arrecadação das receitas já criadas em lei." (2015, p. 525)

Nessa perspectiva, os instrumentos de planejamento e execução financeiras estão atrelados às necessidades públicas e estas são compreendidas como aquelas atividades de interesse geral satisfeitas por meio do serviço público (BALEEIRO, 2015, p. 4). Dentre essas necessidades públicas estão a ampla gama de direitos garantidos constitucionalmente e aqueles que o país se compromete por meio de tratados e convenções internacionais. No final, são bastante parecidos e a nossa atual Constituição também foi grandemente influenciada sobretudo pelas normas internacionais de direitos humanos.

Outra questão orçamentária importante é a definição da política fiscal, que tem poder de minimizar as desigualdades, garantida por meio das políticas distributivas desenhadas pelo Estado de bem-estar. Assim, quanto mais fortalecido esse modelo estatal, mais é possível perceber a diminuição nos índices de desigualdade e pobreza. Essa evidência tem sido verificada no século XX, com maior força nos países que se sustentam no modelo social-democrata e menos em modelos mais liberais. Entretanto, na atualidade essa tendência é bastante menor e vem apresentando inclusive retrocessos (DUBET, 2017, p. 2015).

O orçamento público é composto pelo Plano Plurianual – PPA, a Lei de Diretrizes Orçamentárias – LDO e a Lei Orçamentária Anual – LOA (art. 165, da Constituição de 1988). Nesse primeiro instrumento que tem por objetivo programar a ação governamental durante a legislatura – quatro anos – o objetivo desse plano de médio prazo e demais planos setorizados visam a redução das desigualdades, conforme estabelece o §7° do art. 165. As demais leis são leis anuais que devem estabelecer as despesas e prever as receitas (LOA) e as prioridades e as metas (LDO), em consonância com o planejamento estabelecido no PPA (OLIVEIRA, 2013, p. 425-436).

Assim, o orçamento público pode ser observado com esse olhar investigativo dos direitos humanos, porquanto são por meio das peças orçamentárias que o gestor indica suas prioridades e consonância ou não com as normas constitucionais de combate à desigualdade. Somente por meio da alocação de recursos humanos e financeiros necessários é possível concretizar esse empasse para o desenvolvimento da sociedade brasileira.

No objetivo dos ODS n° 10 – Redução das desigualdades – estão previstas sete metas e três submetas para o desenvolvimento das competências necessárias a diminuir as desigualdades dentro dos países e entre eles. Para isso, cada meta é acompanhada de um indicador capaz de mensurar a situação e os resultados das políticas no período, a exemplo da meta 10.1 que estabelece que "Até 2030, progressivamente alcançar e sustentar o crescimento da renda dos 40% da população mais pobre a uma taxa maior que a renda média dos 10% mais ricos." Esta meta tem como indicador o n° 10.1.1 estabelecendo a "Taxa de crescimento das despesas domiciliares ou rendimento per capita entre os 40% com os menores rendimentos da população e a população total"(IPEA, 2019).

Dessa forma, a Agenda 2030 se mostrou um plano eficaz para governos, sociedade, empresas e cidadãos alinhado aos princípios da Constituição Federal de 1988 (SOCIEDADE CIVIL DA AGENDA 2030 DE DESENVOLVIMENTO SUSTENTÁVEL, 2020, p. 6) Em total observância desses programas constitucionais, sobretudo quanto ao objetivo aqui analisado, o orçamento público deve constar objetivos, metas e prioridades nos instrumentos orçamentários para fazer frente às despesas capazes, entre outros deveres, de reduzir as desigualdades.

3. VETO PRESIDENCIAL AOS ODS NO ORÇAMENTO PÚBLICO E O DESMONTE INSTITUCIONAL DO COMBATE À REDUÇÃO DAS DESIGUALDADES

O veto aos ODS no PPA 2020-2023 – Lei n° 13.971, de 27 de dezembro de 2019 – que estabelecia, no inciso VII do art. 3°, "a persecução das metas dos Objetivos do Desenvolvimento Sustentável da Organização das Nações Unidas" ocorreu por meio da Mensagem Presidencial n° 743/2019, segundo a qual:

> O dispositivo, ao inserir como diretriz do PPA 2020-2023 a persecução das metas dos Objetivos do Desenvolvimento Sustentável da Organização das Nações Unidas, sem desconsiderar a importância diplomática e política dos Objetivos do Desenvolvimento Sustentável da Organização das Nações Unidas, acaba por dar-lhe, mesmo contrário a sua natureza puramente recomendatória, um grau de cogência e obrigatoriedade jurídica, em detrimento do procedimento dualista de internalização de atos internacionais, o que viola a previsão dos arts. 49, inciso I, e art. 84, inciso VIII, da Constituição Federal.

Verificamos que a justificativa do veto se sustenta no argumento da não-cogência da norma internacional por inexistência de processo de internacionalização dessas normas internacionais, e, portanto, os ODS se tratariam de instrumentos de *soft law* e como meras recomendações o país se abstém de segui-las.

Esse argumento não poderia ser mais equivocado, pois os objetivos e suas respectivas metas já estão inseridos no ordenamento jurídico brasileiro, sobretudo quanto às normas constitucionais. Especificamente quanto à desigualdade, como vimos, a Constituição estabelece como objetivo fundamental a erradicação da pobreza e da marginalização e a redução das desigualdades sociais e regionais (art. 3°, III).

Ademais, esses objetivos e metas desenhados na ONU tiveram colaboração ativa do Brasil e sua persecução não deve se ater às questões ideológicas, senão aos objetivos de Estado, seguindo os anseios constitucionais.

Ainda importa considerar que a justificativa constrói um argumento que não se coaduna nem com a margem de discricionariedade disposta no orçamento, no qual o gestor poderia inserir as suas prioridades, tampouco as normas recomendatórias deveriam ser desprezadas. Estas normas recomendatórias de ordenam internacional devem ser seguidas, não havendo óbices diante de sua compatibilidade com o ordenamento jurídico nacional.

Outro ponto a salientar, é que esse ato de veto dos ODS no PPA só veio a corroborar com a extinção da Comissão Nacional dos Objetivos de Desenvolvimento Sustentável – CNODS, por meio do Decreto nº 9.757/2019, que, desde 2016, se constituía em importante instrumento de organização, planejamento estratégico para implementar os ODS e sua extinção se caracteriza como prova do desmonte das instituições voltadas para os objetivos constitucionais coincidente com a Constituição Federal de 1988.

A extinção do CNODS e o veto presidencial aos ODS no Plano Plurianual representam o descompromisso com os objetivos daquele instrumento e o visível desmonte das políticas públicas voltadas a sua concretização. Situação afrontosa aos fundamentos, objetivos e princípios constitucionais. Apresenta-se, portanto, como retrocesso institucional no combate às mazelas sociais geradas pela desigualdade social.

Esses dois fatores demonstram algumas das medidas incisivas no aprofundamento das condições de extrema desigualdade vivenciada pela população brasileira. Conforme o IV Relatório Luz da Sociedade Civil da Agenda 2030 de Desenvolvimento Sustentável de 2020 quase todas as metas avaliadas sofreram retrocesso.

Na pandemia, há evidência para as desigualdades estruturais que permeiam todos os ODS, mas recebeu atenção exclusiva no ODS nº 10. Diante desse cenário, entre os anos de 2014 a 2019, todos os indicadores sofreram retrocessos, tais como a diminuição das rendas do trabalhador mais pobre caiu em maior proporção do que o da classe média, enquanto o mais rico teve aumento (meta 10.1); no quesito igualdade de gênero, a disparidade entre os rendimentos dos homens brancos em relação a mulheres e homens e mulheres negras são alarmantes (meta 10.2); a questão racial também retrocedeu (meta 10.3); os programas de transferência direta de renda e a assistência social ou seguridade social também sofreram redução de seus beneficiários (meta 10.4); o aumento do risco brasil tem ocorrido de forma alarmante (meta 10.5); enfraquecimento da representação brasileira na ONU e diante de instituições internacionais (meta 10.6); diminuição de apoio aos refugiados, mesmo com o aumento destes (meta 7), a metas 10.a está estagnada e as metas 10.b e 10.c não foram avaliadas em razão dos dados (GTSCA2030, 2020, p. 51-55).

Com isso, percebemos que o governo federal está atuando em absoluta violação à Constituição e aos direitos humanos, porém de acordo com as estatísticas disponibilizadas esse movimento vem se acentuando desde 2014 e recebeu nesta gestão federal a sua maior expressão de apatia e de omissão quanto aos ODS que não mais são do que os objetivos e as respectivas metas estabelecidas no nosso próprio modelo estatal de bem-estar social.

4. CONCLUSÃO

Apesar de a ideia dos direitos humanos ser considerada como parâmetro para estabelecermos a dignidade humana, nos mais diversos contextos nacionais os cenários são preocupantes, sobremaneira quando nos referimos ao aumento da desigualdade e às constantes crises que afetam com mais rigor as pessoas que já são vítimas dessa má distribuição da riqueza e dos bens socioculturais.

A fim de garantir efetividade para os direitos humanos, desde 2000, a ONU busca reunir nações interessadas em envidar esforços para melhorar as estatísticas sociais desanimadoras. Assim, diante do bom desempenho da implementação dos Objetivos de Desenvolvimento do Milênio, que, embora tenha tido avanços em muitos aspectos, diante da gravidade das questões, necessitou-se continuar com esses esforços. Diante disso, surgem discussões para a implementação dos objetivos de desenvolvimento pós-2015, quando surgem então os Objetivos de Desenvolvimento Sustentável – ODS.

Assim, a aprovação dos ODS na ONU foi precedida de ampla discussão no Brasil com ministérios, com representantes da sociedade civil e das municipalidades. Esse debate aconteceu desde 2013 até 2015, quando foram aprovados o resultado dessas discussões e firmado o compromisso dos países em efetivarem a Agenda 2030.

Dentre esses objetivos, a redução das desigualdades foi o objetivo que o presente se debruçou, em razão da problemática se tratar de um entrave ao desenvolvimento sustentável nos mais diversos países. No Brasil, os esforços foram minimizados e com tendência à estagnação sobretudo após a extinção da Comissão Nacional de Desenvolvimento Sustentável – CNODS, no início do mandato eletivo do governo Bolsonaro, e ratificado por meio do único veto presidencial no Orçamento de 2020-2023, que previa os ODS.

Ao serem consideradas com as estatísticas crescentes de aumento das desigualdades, essas medidas foram recrudescidas na pandemia e apresentam-se como principal obstrutor na condução dos esforços que o Brasil vinha desenvolvendo para a redução das desigualdades. A estagnação do financiamento dos ODS durante uma legislatura compromete de forma veemente os resultados que serão verificados em 2030, bem como põe em prova a própria efetividade das normas constitucionais quanto ao combate e a redução às desigualdades.

REFERÊNCIAS

BALEEIRO, Aliomar. *Uma introdução à Ciência das Finanças.* 19ª Ed. Rio de Janeiro: Forense, 2015.

DUBET, François. *Repensar la justicia social.* Contra el mito de la igualdad de oportunidades. Buenos Aires: Siglo Veintiuno, 2017.

GTSCA2030. *IV relatório luz da sociedade civil da agenda 2030 de desenvolvimento sustentável Brasil.* 2020 Disponível em: <https://brasilnaagenda2030. files.wordpress.com/2020/08/por_rl_2020_web-1.pdf> Acesso em:

IPEA. *Os objetivos de desenvolvimento sustentável.* 2019. Disponível em: <https://www.ipea.gov.br/ods/ods10.html>. Acesso em: 07 fev 2021.

ITAMARATY. *Negociações da agenda de desenvolvimento pós-2015:* elementos orientadores da posição brasileira. Set 2014. Disponível em: <http://www.itamaraty.gov.br/images/ed_ desenvsust/ODS-pos-bras.pdf>. Acesso em: 20 Out 2020.

MINISTÉRIO DE DIREITOS HUMANOS. *A declaração universal dos direitos humanos e os objetivos de desenvolvimento sustentável:* avanços e desafios. Brasília: ODS, Governo Federal, 2018. Disponível em: <https:// www.gov.br/mdh/pt-br/centrais-de-conteudo/declaracao-universal-dudh/cartilha-dudh-e-ods.pdf> Acesso em: 03 nov 2020.

OLIVEIRA, Regis Fernandes de. *Curso de direito financeiro.* 5ª ed. São Paulo: Revista dos Tribunais, 2013.

SANTOS, Boaventura de Sousa. *Se Deus fosse um ativista de direitos humanos.* São Paulo: Cortez, 2016.

SOUZA, Jessé. *A ralé brasileira:* como é e como vive. Belo Horizonte: Editora UFMG, 2009.

- editoraletramento
- editoraletramento.com.br
- editoraletramento
- company/grupoeditorialletramento
- grupoletramento
- contato@editoraletramento.com.br
- editoraletramento

- editoracasadodireito.com.br
- casadodireitoed
- casadodireito
- casadodireito@editoraletramento.com.br